読解力を育て・豊かな心をはぐくむ

文学の授業 6

かさこじぞう

教材分析と全発問

各時間の児童の感想掲載

山口 憲明

はじめに

「かさこじぞう」は、長い間小学校2年生の教材としてありつづけてきました。貧しいけれど働き者、そして、やさしいやさしいじいさまとばあさまのお話です。

しかし、このじいさま・ばあさまの「優しさ」は、厳しく深いものです。子どもたちと時間をかけてじっくり読み通し、読み深めてください。「優しい」とはどういうことのなのか。どういう行いを言うのか。じいさま、ばあさまの「優しさ」をいっぱいに思ってください。考えてください。

このお話を読み終えた時、子どもたちが少し優しくなっている、思いやりが深まっている。きっとクラスが暖かく、ぬくもりのあるものになっていると思います。

今、人間のあり方が厳しく問われています。人間性の深まりが課題です。それは、哲学・芸術の課題です。文学を文学として読んでいく。子どもたちの感性を豊かなものにしていく。人間の知恵を深く確かなものにしていかなければなりません。

授業に入る前に、まず教材のねらい、各時間の教材分析の箇所を通読し、その深い内容、優れた価値をつかんでいただきたいと思います。

もくじ

ねらい

○優しいとは、どういうことなのか。そして、その深まりをとらえる。

お正月を前にして、かさこは売れず、もちこも手に入れることのできなかったじいさま。その町からの帰り道、さらにひどい吹雪に遭います。じいさまは、その激しい風と雪の中に地蔵様を認めます。じいさまは、その地蔵様を気の毒に思い、おつむの雪を掻き落としたり、濡れて冷たい地蔵様の肩や背中をなでてあげました。さらに地蔵様に売り物の笠や自分が被ってきたつぎはぎの手ぬぐいを被せてあげるのです。その結果、じいさまは、吹雪に身体を曝しながら、うちに帰ります。

吹雪は、困難を表します。吹雪の中に立つ地蔵様です。困っている人がいたら、手を差し伸べる、なでてあげる、暖めてあげるということです。「売り物の笠」＝財産を投げ出し、守ってあげるということです。「つぎはぎの手ぬぐい」＝自分にとってなくてはならない物でも、それで、自分がさらに厳しい状況に陥ることになっても、差し出し、人を助けるということです。

仏教でいう忘己利他です。我を忘れて、他の人に尽くすということです。仏教の教えの一つ、布施です。身を切るプレゼントです。

○良い事をすれば、良い事がある。

家に帰ったじいさまは、「それで、おら、かさこ　かぶせてきた。」と、ばあさまに告げました。ばあさまも、いやな顔ひとつせず、「おお、それは、ええことを　しなすった。」と地蔵様を思いやるのです。そして、「ふたりは、つけなかみかみ、おゆをのんで　やすみました。」　貧しさに耐え、その年を越すのです。

このお話でじいさまがした「ええこと」、良いこととは、困っている人がいたら助けてあげるということです。献身する、奉仕する、布施するです。

すると真夜中に「じょいやさ　じょいやさ」、そりを引く声がしてきました。そして、そのそりは、長者どんの屋敷の方には行かず、じいさまのうちの前で止まるのです。雨戸をくると、米のもち、粟のもちの俵などがありました。

地蔵様は、貧しさに耐え、善行を積んだこのじいさま・ばあさま、人々に報いてくれたのです。良いことをすれば、良いことがある。人々の中に流れる人助けの心、ヒューマニズム。その思い・考えが民話となり、語り継がれてきたのだと思います。地蔵信仰です。

善因善果。勧善懲悪。二年生の子どもたちに基本的な考えとしておさえたいと考えます。

○ことばの学習　助詞「も」　推量の文末「〜〜ろう。」

低学年の読解は、文章に即して、順に言葉・語句・文の意味を問い、確認していけばよいと考えます。しかし、この作品では、助詞「も」や推量の文末「〜〜ろう。」が頻出し、効果的に使われています。そこでここでは、これらの表現を取り上げ、くりかえし指導し、この作品をより深く読み取っていきたいと思います。

【助詞「も」】

助詞「も」には、並列と強調の働きがあります。

・「〜、もちこのよういもできんのう。」（強調）
・「〜、にんじん　ごんぼもしょってくるでのう。」（並列）
・「じいさまも、声をはり上げました。」（並列）
・「〜を売る店もあれば、〜を売っている人もいました。」（並列）
・「ああ、もちこももたんで帰れば」（強調）
・「いつの間にか、日もくれかけました。」（並列）

低学年では、並列の「も」を　同じ「も」、強調の「も」を強めの「も」と指導しています。強調の「も」は、「〜さえも」となります。

例えば、「ああ、もちこももたんで帰れば」の「も」は、強調の「も」です。じいさまは、大年の市で声を張り上げても笠こは売れず、「もちこさえも」手に入れることができなかったのです。もちろんにんじん　ごんぼも買うことはできなかったということです。

そして、さらに「いつの間にか、日もくれかけました。」は、並列の「も」です。同じ「も」です。他にもくれかけているものがあるということです。かさこも売れず、もちこも手に入らず、「ばあさまは、がっかりするじゃろうのう。」と、じいさまの気持ちも暮れかけていることをとらえていきます。

物語の学習を通して、一つ一つの言葉の意味を学ぶ。さらに例えば、助詞「も」の二つの使い方を学ぶ。そして、そこで学んだことが次の場面、次の作品を読む時の読解力になっていくのです。この学習を経て、助詞「も」が出てきたら、どっちの「も」と聞きます。考えさせます。助詞「も」をとらえ、登場人物の様子や気持ちなどを読み取っていくことができるようになるのです。

【推量の文末「〜〜ろう。」】

・「ああ、もちこももたんで帰れば、ばあさまは、がっかりするじゃろうのう。」
・「おお、お気のどくにな。さぞ　つめたかろうのう。」
・「おお　おお、じいさまかい。さぞ　つめたかったろうの。」
・「地ぞうさまも、この雪じゃ　さぞ　つめたかろうもん。」

ここでは、例えば「つめたかろうのう。」と、ただ「つめたい。」を比べて、どう違うのか考えさせます。そして、「〜かろう。」は、どういう時に使うのか、使われるのかを考えさせます。「つめたい。」は、自分が感じたことです。「〜かろう。」は、人が感じたことを推し量っているのです。つまりこの推量とは、人の気持ちを想像し、思いやる心の働きです。

　この作品では、順に言うと　じいさまが、ばあさまのことを　じいさまが、地ぞうさまのことを　ばあさまが、じいさまのことを　ばあさまが、地ぞうさまのことを　例えば「さぞ　つめたかろうのう。」などと、その人の身になって、その気持ちを想像し、心配し、同情しているのです。

　子どもたちは、この「〜〜だろう。」を〝人思いの文末〟と名付けました。

じいさまは、「おお、お気のどくにな。さぞ　つめたかろうのう。」と地ぞうさまの気持ちを想像し、思いやり、そこから地ぞうさまの肩や背中をなでてあげたり、笠や手ぬぐいをかぶせてあげたりしたのです。

「〜、さぞ　つめたかろうのう。」は推量です。推量は、推し量ること、思いやることです。そして、思いやりは、想像力です。この思いやる心から優しさあふれるじいさまの行動は、展開されていったのです。

子どもたちは、このお話を通して、このじいさま・ばあさまの体験を共にすることで人の身になって、その人の気持ちを想像し、その人に寄り添うことを学んでいきます。そのことでクラスが、何となく落ち着いたり、あたたかくなっていくことを感じます。文学体験の尊さです。体験を通して学ぶのです。

指導計画（16時間）

※第一次全文通読はしません。始めから、物語の内容に入っていきます。次はどうなるのか心の中で予想しながら、ドキドキワクワクしながら読んでいきます。

作家井上ひさしの言葉です。「物語の基本的要素は、『謎』である。逆に言うなら、謎の提起とその解明、これこそが物語の正体なのだ。」「謎の提示、その謎の解明、謎が解けたときの快感とともにもたらせれる人間存在への深い洞察、これが名作の条件なのだ。」（児童名作全集解説より）

第一次　かさこをつくって、町に売りに行く（4時間）

・題名読み。このお話の場面設定をおさえる。
・大晦日なのにお正月のもちも用意できないじいさまとばあさまの様子をとらえる。
・菅笠を作って、お正月のもちを買おうとするじいさまとばあさまをとらえる。
・町に菅笠を売りに行くじいさまの思いをとらえる。

第二次　町で笠を売るじいさま（2時間）

・大年の市の様子、声を張り上げて笠を売るじいさまの思いをとらえる。
・菅笠が売れず、しかたなく帰るじいさまの気持ちをとらえる。

第三次　吹雪の中、地蔵様に笠をかぶせるじいさま（5時間）

・とんぼりとんぼり町を出るじいさまの様子と気持ちを読みとる。
・吹雪の中、道端に立つ地蔵様に気を止めるじいさまをとらえる。
・じいさまの地蔵様への思いやりをとらえる。その思いやりの心から地蔵様の頭の雪をかきおとしたり、ぬれて冷たい肩や背をなでるじいさまの行動をとらえる。
・さらに地蔵様にかさこをかぶせるじいさまのやさしさをとらえる。
・さらにいちばんしまいの地蔵様に、自分のつぎはぎの手ぬぐいをかぶせるじいさまのやさしさをとらえる。

第四次　じいさまを暖かくむかえるばあさま。餅つきのまねごとをして、年越しをするじいさまとばあさま。（3時間）

・じいさまを迎えたばあさまのことばから、ばあさまの優しさをとらえる。

・じいさまのしてきたことを「ええことをしなすった。」と認め、共に雪の中に立つ地蔵様のことを思いやるばあさまの優しさをとらえる。

・大晦日の夜、餅つきのまねをし、つけなかみかみ、お湯を飲んでやすむじいさまとばあさま。貧しくても互いに思いやり、明るく耐える二人の姿をとらえる。

第五次　地蔵様が、お正月のお餅などをそりにのせて運んでくる。よいお正月を迎えるじいさまとばあさま。（2時間）

・大晦日の夜、雪の中、そりを引くかけ声がし、じいさまのうちの前でなにやら重い物をおろしていったことをとらえる。

・地蔵様から米のもちなど、たくさんの物をもらい、じいさまとばあさまは、よいお正月を迎えたことをとらえる。

各時間の学習過程

○本時部分の音読（各自の読み、指名読み、斉読）

○書き出し（各場面を読んで、思ったことや考えたことをノートに箇条書きで書く。疑問は書かない。)

○話し合い(書き出しの発表)

○本時内容の確認、読み深め(教師の発問で言葉・文章・表現に即して本時の内容を確認し、さらに読み深める。)

○本時の感想を書く。

※各時間の授業の後半では教師の発問で言葉・文・文章・表現に即して詳しく読んでいきます。国語科ですから、言葉・文・文章の意味や表現のあり方などを指導していきます。子ども任せにしない。話し合いばかりでは、参加できない子、苦手な子もかなりいるのです。「詳細な読解」は、例えば、このお話で言えば、じいさま・ばあさまの気持ちを文章に即して細やかに深くとらえ、考えていくことです。それが、友だち、人を思いやる心を養っていくことになるのです。

第一次　かさこを作って、町に売りに行く（4時間）

1時間目　題名読み　このお話の場面設定～大そうびんぼうなじいさまとばあさま

かさこじぞう

いわさき　きょうこ

むかしむかし　あるところに、じいさまと　ばあさまが　ありましたと。
大そうびんぼうで、その日その日を、やっとくらして　おりました。

◎ねらい　題名「かさこじぞう」についておさえる。
　このお話の場面設定（時、場所、登場人物とその状況）をとらえる。

＊かさ～笠。頭にかぶって、雨、雪などを防ぐもの。

・地蔵～坊主頭で道端などに立っている石の仏。釈迦の死後、弥勒菩薩が出てくるまでの間、人々を教え、導き、救う菩薩。観音菩薩は、天から、上から、人々の悲しみや苦しみの声を聞き取り、救ってくれます。地蔵菩薩は地にあって、人々のそばにいて、悲しみ苦しむ人々を救ってくださるのです。

・「ありましたと。」～このお話は、民話です。人々の中で語り継がれてきた話です。そのお話を作者　岩崎京子さんが、再話したのです。そのために最初と最後の一文の文末に伝聞を表す「と」がつくのです。

・「大そうびんぼうで」～これが、登場人物　じいさま、ばあさまの状況です。生きていく条件です。この状況の中で、じいさま、ばあさまが、どのように行動していくのか。そこに真実を見ていきます。

◎授業（発問、子どもの感想など）

■■■題名読み■■■

【題名・作者を確認する】

○はじめます。今日からお話を読んでいきます。まず、これから読んでいくお話の題名と作者を先生が黒板に書きますから、君たちはノートに書いてください。（＊「かさこじぞう　いわさききょうこ」とTは、板書する。）

・では、だれか読んでください。

・みんなで読みましょう。

・さあ、今日から読んでいくお話の題名は、何ですか。

・そして、このお話を書いたのは、だれですか。

【題名を考え、お話の内容を予想する。】

○では、まずこのお話の題について聞きます。

・さあ、まず「かさ」って、何ですか。

・「かさ」って、どんな時に使う物ですか。（この「笠」ですが、「傘」の意味でも良い。雨や雪などから身を守る物、防ぐ物ととらえる。後の時間で絵を見て、昔のかさはどんな物なのか。じいさま、ばあさまの作ったかさは、どんなかさなのか。いまの傘とどう違うのかを確認する。）

・さらに「じぞう」って、何でしょう。もう少しわかりやすく言うと何でしょう。（おじぞう様）

・そして、「おじぞう様」って、どんなものでしょうか。見たことある人は、いませんか。

・さあ、まとめて「かさこじぞう」って、何でしょうね。これから読むお話、どんなお話なんでしょうね。（ここは、軽く予想すればよい。）

本時の音読

○では、これから「かさこじぞう」のお話を読んでいきます。今日は、はじめからP～L～までです。まず一人一人、声を出して読んでください。

・だれか読んでください。

・みんなで読みましょう。

書き出し

○では、今、読んだ所で思ったこと、考えたこと、頭にうかんだことなど、ノートに箇条書きで二つ書いてください。（「書き出し」という活動です。疑問は、書かせません。何でも疑問になってしまいます。二つ、書かせることで箇条書きということを理解し、できるようになります。ここでは、書くことによって、登場人物などについて思う、考える、イメージさせる、体験させるということです。子どもたちの中に、人のことを思う、考える心の働きが育っていくものと考えます。）

話し合い

（書き出しの発表、交流。意見をたたかわせるのではなく、互いに聞き合い、認め合うことが大切であると考えます。）

○では、どんなことが書けたか、発表してください。

K たいそうびんぼうなんて、かわいそうだとおもいました。

H もし、わたしもびんぼうだったら、大へんで、さびしいと思います。

A その日その日をやっとくらしているって、たいへんそうだなとおもいました。

I 大そうびんぼうだから、たすけたくなりました。

S 大そうびんぼうで、毎日、やっとくらしているじいさまとばあさまが、これからどうやってすごすのか、しりたいです。

本時内容の確認、読み深め

●では、今日の所について聞いていきます。

【このお話の時、場所、登場人物をおさえる】

○さあ、このお話、いつのことですか。

・場所は、どこですか。

・出てきたのは、だれですか。

○さあ、「じいさま」、別の言葉にしたら、何ですか。

・「ばあさま」、別の言葉にしたら、何ですか。

・さあ、例えば、「じいさま」、じいさん　と比べてどう違う。

・「ばあさま」、おばあさん　と比べるとどう違う。

【伝聞〜民話の語りをおさえる。】

○そして、「ありました。」これ、別の言葉にしたら何ですか。（いました。）

・そして、「ありましたと。」これ、ただ「ありました。」とどう違う。

・どうして、ここ、「と」がつくのでしょうか。（伝聞、民話の語り）

【じいさま・ばあさまのくらしぶりをとらえる】

○さあ、この「じいさまとばあさま」、どんなじいさま・ばあさまだというのですか。

・「びんぼう」とは、どういう意味ですか。

・「たいそうびんぼう」とは、どういうことですか。

・それでこのじいさまとばあさま、どのようにくらしていたというのですか。

・「くらす」、別のことばにしたら、何ですか。

・そして、「やっとくらす」とは、どういうことですか。ただ、「くらす」とどう違うのですか。

・そして、さらに「その日その日をやっとくらす」とは、どういうことですか。やはり、「やっとくらす」とどう違うのですか。

・さあ、こんなじいさま・ばあさまを君たちは、どう思いますか。

○では、今日、勉強した所をみんなで読みましょう。

■■■本時の感想を書く■■■

○では、今日の所で思ったこと、考えたことなど、ノートに30字以上で書いてください。

N　二人とも、かわいそうで、その日その日をやっとのことでくらしていて、とってもか

わいそうだとおもいます。

U 一日一日をくろうして、一生けんめいがんばって生きているなんて、かわいそうだとおもいました。

Y こんなじいさまとばあさまは、かわいそうだなとおもいました。「どれくらいくろうしたのかな。」と考えるだけで、かわいそうになります。わたしは、こんなことが十日つづいたら、しぬとおもいます。ほんとうにむりしていたんだなとおもいました。

2時間目　大晦日なのにお正月のもちも用意できないじいさまとばあさま

ある年の大みそか、じいさまは、ためいきをついて　いいました。

「ああ、そのへんまで、お正月さんが　ござらっしゃるというに、もちこの用意もできんのう。」

「ほんにのう。」

「なんぞ、売るもんでもあれば　ええがのう。」

じいさまは、ざしきを見回したけど、なんにもありません。

「ほんに、なんにもありゃせんのう。」

◎ねらい　大晦日なのに、お正月のもちも用意できないじいさまとばあさまの様子をとらえる。

＊「もちこの用意も」は、〝もちこの用意さえも〟である。助詞「も」は、強調です。お正月の準備といったら、まず餅です。ですからもちろん他の料理の準備など、一切できないのです。

■■■前時の読み■■■

○はじめます。さあ、昨日からお話を読み始めました。その題名を言ってください。
・書いた人を言ってください。
・では、昨日勉強した所をみんなで読みましょう。

・さあ、このお話は、いつのことですか。
・出てきたのは、だれですか。
・そのじいさまとばあさま、どのようにくらしていたというのですか。
・では、昨日、終わりに書いた感想をだれか読んでください。

■■■本時の音読■■■

○では、今日はP～L～までやります。まず一人一人、声を出して読んでください。
・だれか読んでください。
・みんなで読みましょう。

■■■書き出し■■■

○では、まず今日の所で思ったこと、考えたこと、頭にうかんだことなど、ノートに箇条書きで2つ書いてください。

■■■話し合い■■■

○さあ、どんなことが書けたか、発表してください。

H お正月が、あとちょっとでくるのに、おもちもないなんて、かわいそうだとおもいます。

A じいさまは、お正月のために、あたりを見まわしたのに、なんにもないなんてかわいそうだなとおもいました。

T もちをよういしないといけないのに、ざしきを見回したけど、売るものがないと、もちをよういすることができないのに、これからどうなるのか知りたいです。

Y じいさまとばあさまのことばの「ほんにのう。」や「なんぞ、うるもんでもあれば、ええがのう。」が、かなしいかんじがしました。かわいそうだなとおもいました。

W お金がある人だと、買えばいいと思うけど、お金がない人だったら、どうするんだろうとおもいました。

■■■本時内容の確認、読み深め■■■

●では、今日の所を確かめていきます。聞いていきます。

【さらにこのお話は、いつのことなのかをおさえる。】

○さあ、このお話、さらにいつですか。（ある年の大みそか）

・「大みそか」とは、いつですか。何月何日ですか。（12月31日）

【大みそかのじいさまの様子をとらえる。】

○さあ、だれがどうしたのですか。

・「ためいき」って、何ですか。

・だれか、ためいきをついてください。

・そして、ためいきって、どんな時につくのですか。

【じいさまの言葉「～もちこも用意できんのう。」をとらえ考える。】

○さあ、じいさま、ためいきをついて、何と言ったのですか。

・ばあさま、それに対して、何と言ったのですか。

・さあ、お正月とは、いつですか。

・「お正月」とは、何ですか。

・例えば、君たちの家のお正月は、どんなですか。どんな事をしますか。

・でも、じいさまとばあさま、何の用意もできないのですか。
・「もちこ」とは、何ですか。
・そして、「もちこのよういもできんのう。」さあ、じいさまとばあさま、もち以外の料理・食べ物、そして、飲み物など、用意できたのですか。
・さあ、これ、「もちこのよういができんのう。」と、どう違う。
・「もちこ○○も」に入る言葉は、何ですか。（さえ）
・さあ、まとめて、じいさま、どうしてためいきをついたのですか。

【もちこも用意できないじいさまが考えたことをとらえる。】

○さあ、そこでじいさま、どう考えたのですか。何て言ったのですか。
・さあ、じいさま、何か売る物があれば、何なのですか。どうするのですか。
・そこでじいさま、どこをどうしたのですか。
・「ざしき」って、何ですか。どんな所ですか。（例えば、この絵で言うとどこですか。）
＊2年生ですので、用意ができれば、絵本や絵で確認してください。
・「見回す」って、どうすることですか。
・でも、一言、何だというのですか。（なんにもありません。）
・ばあさまも、何だというのですか。（ほんとに、なんにもありゃせんのう。）

【お正月を迎えるじいさま・ばあさまの窮状をとらえる。】

○さあ、この物語で今日は、何月何日ですか。（12月31日）
・明日は、何月何日なのですか。（お正月、1月1日）
・でも、じいさまとばあさま、どんな様子、どんな状況なのですか。

・こんなじいさまとばあさまを　君たち、どう思いますか。
・それは、どうしてですか。
○では、今日、勉強した所をみんなで読みましょう。

本時の感想を書く

○では、今日の所で思ったこと、考えたことなど、ノートに30字以上で書いてください。

M わたしが、じいさまとばあさまだったら、ぜったいもちの用いは、したいです。それなのにもちの用いもできないなんて、やだなとおもいます。

E 大みそかに、おもちの用いさえできなくて、こまっているから、本の中に入って、たすけてあげたいとおもいました。なにかうるものが、あったら、おもちぐらいは、買えるのにとおもいました。

N わたしのお正月は、おとし玉をもらったり、おせちをたべたり、たのしいことばっかりだけど、ばあさまやじいさまは、もちこの用いさえもできないので、わたしたちは、むかしよりぜいたくだとおもいました。

M むかし、むかしは、今とぜんぜんちがうと思いました。じいさまたちのびんぼうがなおったらいいと思います。

3時間目　お正月のもちを買おうと菅笠をあむじいさまとばあさま

ばあさまは、土間の方を見ました。すると、夏の間に　かりとっておいたすげが　つんでありました。

「じいさま　じいさま、かさこ　こさえて、町さ　売りにいったら、もちこ買えんかのう。」

「おお　おお、それがええ。そうしよう。」

そこで、じいさまとばあさまは、土間に下り、ざんざらすげをそろえました。そして、せっせとすげがさをあみました。

◎**ねらい**　菅笠を作って、お正月のもちを買おうとするじいさまとばあさまをとらえる。貧しくても働き者で、仲良しのじいさまとばあさまをとらえる。

＊「夏の間に　かりとっておいたすげが　つんでありました。」　じいさまとばあさまは、貧しいけれど、働き者です。暑い夏の間にも外に出て、菅を刈り取り、運び、積んでおいたのです。

＊「おお　おお、それがええ。そうしよう。」　ばあさまの考えに相づちを打つじいさまです。前時の「ほんに、なんにもありゃせんのう。」は、じいさまの言葉に相づちを打つばあさまです。この物語では、二人の会話からじいさまとばあさまの仲の良さもとらえていきます。（以上のように一時間毎、じいさまとばあさまの人物像を刻み上げていきます。）

＊「ざんざらすげをそろえました。」「せっせとすげがさをあみました。」　やはり働いてお正月のおもちを手に入れようとするじいさまとばあさまです。声喩「ざんざら」や

副詞「せっせと」などから、これでお正月の〝もちこ〟が、手に入れられるという期待や喜びが、感じ取れます。

前時の読み

○はじめます。まず、きのう勉強した所をみんなで読みましょう。
・さあ、このお話、さらにいつのことですか。
・つまり、今日が何月何日で、明日が何月何日なのですか。
・でも、じいさまとばあさま、何の用意もできないというのですか。
・それで、じいさま、どう思った、考えたのですか。（なんぞ、売るもんでもあれば、ええがのう。）
・でも、何だ、どうだというのですか。（じいさまは、ざしきを見回したけど、なんにもありません。）
・では、昨日、終わりに書いた感想をだれか読んでください。

本時の音読

○では、今日はＰ～Ｌ～までやります。まず一人一人、声を出して読んでください。
・だれか読んでください。
・みんなで読みましょう。

書き出し

○では、まず今日の所で思ったこと、考えたこと、頭にうかんだことなど、ノートに箇条書きで２つ書いてください。

話し合い

○さあ、どんなことが書けたか、発表してください。

N 土間の方を見ると、夏の間にかりとってあったすげで、かさこを作ってうるという考えが、すごいとおもいました。

S わたしは、ばあさまの　すげがさをあんで、町にうりに行ったら、おもちが買えるという考えが、とてもいいとおもいました。

I ばあさまは、頭がいいなとおもいました。

M むかしは、かさを自分であんで作っていたなんて、しりませんでした。

A すげがさをあむことができるなんて、すごいなとおもいました。

K すげがさが、うれたらいいなー、とおもいました。

T ばあさまが、いいことをおもいついたから、お正月までに、よういをできるとおもいました。

本時の内容の確認、読み深め

●では、今日の所を聞いていきます。確かめていきます。

【ばあさまが土間に夏の間にかりとっておいたすげを見つけたことをとらえる。】

○さあ、だれが、どこを見たのですか。

・土間とは、何ですか。（この絵でどこが土間ですか。）

・土間、ざしきとどう違うのですか。

○すると、何がどうしてあったというのですか。

・やはり、「菅」って、何ですか。（この絵でどれが、菅ですか。）
・そして、この菅、いつ、どうしておいたというのですか。
・だれが、夏の間に「かりとっておいた」のですか。
・そして、「かりとる」とは、どうすることですか。

【かさをこさえて、売って、もちこを買おうというばあさまの考えをとらえる。】

○さあ、そこでばあさま、どう思ったのですか。どう考えたのですか。
・くりかえし、「かさ」とは、何ですか。
・「こさえる」～別の言葉にしたら、何ですか。（作る）
・そして、「町さ、売りにいったら」の「町」とは、どういう所ですか。
・じいさま、ばあさまが、住んでいるのは、町ではなく、何なのですか。（村）
・さあ、まとめてじいさま、ばあさま、どうやってお正月のおもちを手に入れようというのですか。

【ばあさまの考えを「それがええ」と認めるじいさまをとらえる。】

○さあ、それに対して、じいさま、何て言ったのですか。
・「ええ」とは、別の言葉にしたら何ですか。

【さっそく土間におり、せっせと菅笠をあむじいさまとばあさまをとらえる。】

○そこで、じいさまとばあさま、どうしたのですか。
・「すげをそろえる」って、どうすることですか。
・そして、さらにじいさまとばあさま、どうしたのですか。
○さあ、じいさま、ばあさまが作るのは、何というかさですか。

・「すげがさ」って、どんなかさですか。
・（この絵で、どれが菅笠ですか。）
・今、君たちが使っている傘とどう違うのですか。
・そして、「すげがさ」は、作るのではなく、どうするのですか。（編む）

【声喩「ざんざら」、副詞「せっせと」から菅笠を編むじいさま、ばあさまの気持ちをさらに考える。】

○さあ、くり返し「ざんざらすげをそろえる」とは、どうすることですか。ただ、「そろえる」とどう違うのですか。
・「せっせとあみました。」の「せっせと」、別の言葉にしたら何ですか。
・そして、どうしてじいさまとばあさま、せっせと菅笠を編むのですか。
・そして、「ざんざら」「せっせと」から菅笠を編むじいさまとばあさま、今、どんな気持ちなのですか。どんな気持ちだとわかりますか。

【本時の内容から、じいさま・ばあさまの人柄（人物像）について考える。】

○さあ、この前の所では、じいさまとばあさまは、たいそうびんぼうとありました。さあ、今日の所から、さらにじいさまとばあさまについてわかったことは、何ですか。（働き者）
・それは、今日の所のどんな所からわかりますか。
・どうしてそこからそう言えるのですか。
・さらにもう一つ、じいさまとばあさま、どんなじいさまとばあさまですか。（仲良し）
・やはり、それは、どうしてですか。

・どこからそう思いますか。

○では、今日、勉強した所をみんなで読みましょう。

■■■本時の感想を書く■■■

○では、今日の所で思ったこと、考えたことなど、ノートに30字以上で書いてください。

E こんなじいさまとばあさまは、すごいとおもいます。びんぼうなのに、いっしょうけんめいはたらき、お金をためて、もちこをかうのはすごいとおもいます。

S きょうのじいさまとばあさまは、いつもとちがって、はたらきものだなとおもいました。こころやさしい人だとおもいました。なぜかと言うと、あんなにはたらきもので、いっしょうけんめいやっていていいし、なかよしで、とてもいい人たちだなーとおもいました。

N たいそうびんぼうでも、ばあさまとじいさまは、なかがよくて、はたらきものだなんて、３の場めんではじめてしりました。じいさまとばあさまは、すげがさを一生けんめい、みんなに買ってもらえるように、がんばって作っていたんだなとおもいました。むかしは、キッチンが土間で、ゆかが土で、げんかんのまんまえだったんだなとおもいました。

O わたしは、本の中に入って、じいさまとばあさまの手つだいをしたいです。

K じいさまとばあさまが、一生けんめい作ったかさこが、ぜんぶ売れるといいです。心をこめて作ったから、ぜったいあったかいと思います。もちこも、買えるといいです。がんばれー！！じいさま、ばあさまー！

4時間目 町に菅笠を売りに行くじいさま

かさが　五つできると、じいさまは、それをしょって、

「帰りには、もちこ　買ってくるで。にんじん　ごんぼも　しょってくるでのう。」

というて、出かけました。

◎ねらい　町に菅笠を売りに行くじいさまの思いをとらえる。

＊会話を扱うときには、その内容を確かめるとともに、だれがだれにどんな思いをこめて言ったのかをとらえる。ここでは、この会話に含まれるじいさまのばあさまへの思いを考えさせたいと思う。

前時の読み

○はじめます。まず、きのう勉強した所をみんなで読みましょう。
・さあ、「ほんに、なんにもありゃせんのう。」でも、どこに何が積んであったのですか。
・それは、いつ、だれが、どうしておいた物なのですか。
・それで、ばあさま、どうしようと思ったのですか。
・そこで、じいさまとばあさま、どうしたのですか。
・では、昨日、終わりに書いた感想をだれか読んでください。

本時の音読

○では、今日はP～L～までやります。まず一人一人、声を出して読んでください。

・だれか読んでください。

・みんなで読みましょう。

書き出し

○では、まず今日の所で思ったこと、考えたこと、頭にうかんだことなど、ノートに箇条書きで2つ書いてください。

話し合い

○さあ、どんなことが書けたか、発表してください。

H ちゃんとかさは、売れるのかな。じいさまが、一生けんめい作ったのだから、売れるといいです。

U じいさまは、かさこを売って、もちこやにんじんを、わたしは、買ってきてくれるとおもいます。

E ばあさまは、もちこやにんじんをたのしみにまっているのかなとおもいました。

T いっしょうけんめいあんだかさを買ってほしいと、はりきっているかんじが、つたわってきました。

I 売れるといいなーとおもいました。

S じいさまとばあさまの気持が、町のみんなにつたわればいいなぁ。

K かさが五つできて、じいさまは、もちことにんじんとごんぼをもって、かえってくるといっているから、ばあさまは、よろこんでいるとおもいます。じいさまとばあさまが、作ったかさが売れるといいとおもいます。

■■■本時の内容の確認、読み深め■■■

●では、今日の所を聞いていきます。確かめていきます。

【編みあげた五つのかさをしょって、町に出かけるじいさまをとらえる。】

○さあ、かさが五つできると、だれは、どうしたのですか。（じいさまのしたことを確認する。）

・「それをしょって」の「それ」とは、何ですか。

・そして、「しょって」とは、どうすることですか。例えば、「持つ」とどう違うのですか。

・さあ、じいさま、かさを五つしょって、どこへでかけるのですか。

・町に何しに、出かけたのですか。

【「帰りには、もちこかってくるで」をとらえ、そこに含まれるじいさまのばあさまへの思いを考える。想像する。】

○さあ、そのじいさま、「帰りには」何だというのですか。

・くり返し、じいさま、町で菅笠を売って、そのお金で何を買ってくるというのですか。

・そして、これ、じいさま、だれに言ったのですか。

・じいさま、どうしてばあさまに「帰りには、もちこ　買ってくるで。」なんて言うのですか。

【並列の助詞「にんじん　ごんぼも」を扱い、さらにそこに含まれるじいさまのばあさまへの思いを考える。】

○さらにじいさま、もちこだけでなく、何もしょってくる、買ってくるというのですか。

・「もちこ」だけでなく、「にんじん　ごんぼ」も買ってきて、じいさま　ばあさま、どうするのですか。

・そして、ここ、どうして「にんじん　ごんぼも」になるのですか。ただ「にんじん　ごんぼを」では、ないのですか。

・やはりじいさま、だれにこう言ったのですか。

・じいさま、どうしてばあさまにさらに「にんじん　ごんぼもしょってくるでのう。」なんて言うのでしょうか。

【こんなじいさまの言動に対する子どもたちの評価・思いをたずねる。】

○こんなじいさまをどう思いますか。

・それは、どうしてですか。

・君たち、こんなじいさま　ばあさまに、何か言ってあげたいことはないですか。

○では、今日、勉強した所をみんなで読みましょう。

■■■本時の感想を書く■■■

○では、今日の所で思ったこと、考えたことなど、ノートに30字以上で書いてください。

O　じいさまは、ばあさまがよろこんでくれるように、「帰りには、もちこかってくるで。にんじんごんぼもかってくるでのう。」と言ってじいさまは、えらいなぁと思いまし

た。

N 四の場めんでは、じいさまは、心がひろくて、やさしい人だということが、わかりました。

K わたしが、びんぼうだったら、たぶんじいさまみたいに、やさしくできないとおもいました。

S じいさまの出かけるようすが楽しそうでした。こんなじいさまは、とても親切で、やさしい人だと思います。ばあさまも、とてもしあわせだと思います。じいさまは、とてもはりきっていたからがんばってほしいです。それに、かさこも売れたらいいです。

B びんぼうなのに、こんなにやさしいから、いいことがあるとおもいました。こんなじいさまとばあさまのことを町の人たちがわかっていたら、かさを買ってくれるとおもいます。わたしだったら、かさをかってあげたいです。

W 二人ともびんぼうなのに、やさしい人だと思いました。お正月までに、かさが売れるといいなーとおもいます。

第二次　町で笠を売るじいさま（2時間）

5時間目　大年の市　声をはり上げてかさを売るじいさま

町には、大年の市が立っていて、正月買いもんの人で　おおにぎわいでした。

うすやきねを売る店もあれば、山から　まつを切ってきて、売っている人もいました。

「ええ、まつはいらんか。おかざりのまつは、いらんか。」

じいさまも、声をはり上げました。

「ええ、かさや　かさやあ、かさこは　いらんか。」

◎ねらい　大年の市の様子、声をはり上げて、かさを売るじいさまの思いをとらえる。

＊小学校の低学年では、ことばや文の意味を問い、指導していけばよいと考えます。文法、表現技法、構成などは、中・高学年で指導します。しかし、この作品では、助詞「も」が効果的に使われているので、取り上げて指導します。この場面の「じいさまも」は、並列の「も」です。まつなどを売る人に負けず、「じいさまも」です。ここにも、かさを売ろうとするじいさまの思いが、強く表現されています。

前時の読み

○はじめます。まず、きのう勉強した所をみんなで読みましょう。

・さあ、じいさまとばあさま、いくつ菅笠を作ったのですか。

・菅笠を五つ作ると、だれが、どこに出かけたのですか。

・じいさま、何しに、町に出かけたのですか。

・では、昨日、終わりに書いた感想をだれか読んでください。

本時の音読

○では、今日はP～L～までやります。まず一人一人、声を出して読んでください。

・だれか読んでください。

・みんなで読みましょう。

書き出し

○では、まず今日の所で思ったこと、考えたこと、頭にうかんだことなど、ノートに箇条書きで2つ書いてください。

話し合い

○さあ、どんなことが書けたか、発表してください。

M いよいよ町に、すげがさを売りに行くばんだね。

K 売れるといいなーとおもいます。

S 町では、正月買いもんの人が、いっぱいいるなんて、びっくりしました。

T うすやきねやまつを売っている人がいるくらい店が、いっぱいあるんだなとおもいました。

E かさこいがいにも、うすやきねを売る人たちもいるということが、分かりました。

U 町には、正月のものでいっぱいだけど、じいさまとばあさまがつくったかさこは、正月のものではない。

G 「ええ、かさや　かさやあ、かさこは　いらんか。」といったから、かさが、売れるとおもいます。売れるといいとおもいます。

■■■本時内容の確認、読み深め■■■

●では、今日の所を聞いていきます。確かめていきます。

【じいさまが菅笠を売りに来た大年の市のようすをとらえる。】

○さあ、今日の所は、場所はどこですか。

・くり返し、じいさまとばあさまは、町ではなく、どこに住んでいるのですか。（村）

・そして、じいさまが、出てきた町の様子、どんななのですか。

・「大年の市」って、何ですか。

・さあ、くり返し、このお話の今日は、何月何日ですか。

・そして、「市」って、どんなものか、わかりますか。（教師が補説する。）

・そして、さらに「大にぎわい」って、どういうことですか。

・どうして、大みそかの町、市、大にぎわいなのですか。

【大年の市のお店の様子をとらえる。】

○さあ、町には、何を売る店があるのですか。

・うすとは、何ですか。

・きねとは、何ですか。
・そして、どうして大みそかの日に、うすやきねを売っているのですか。
・さらに何を売る人もいるのですか。
・まつ（松）を売る人、何て言って、まつを売っているのですか。
・さあ、まつ（松）って、何ですか。
・やはり、どうして大みそかの日に、まつなど売っているのですか。

【負けずに声をはり上げるじいさまの様子や思いをとらえる。】

○さあ、そこでじいさまも、どうしたのですか。
・じいさま、何て声をはり上げたのですか。
・そして、「声をはり上げる」って、どうすることですか。ただ「言う」と、どう違うのですか。
・そして、じいさま、どうして声をはり上げて、言うのですか。
・さあ、考えてください。「じいさまは、声をはり上げました。」「じいさまも、声をはり上げました。」この二つの違いを考えてください。グループ（4人がよい）になって、話し合ってください。
（・では、席を戻してください。）
・さあ、発表してください。「じいさまは、声をはり上げました。」と「じいさまも、声をはり上げました。」では、どう違いますか。（グループで話し合っても発表は一人一人で。グループで意見をまとめることはしない。）
・そして、ここ、どうして「じいさまも、声をはり上げました。」になるのですか。どうして「じいさまは」には、ならないのですか。

・この「も」は、どんな時に使われる言葉なのですか。

・さあ、くり返し、もう一度、どうしてじいさま、声をはり上げたのですか。

○では、今日、勉強した所をみんなで読みましょう。

本時の感想を書く

○では、今日の所で思ったこと、考えたことなど、ノートに30字以上で書いてください。

A じいさまは、みんなにかさを買ってもらって、もちこを買いたいから、声をはりあげたことが、分かりました。

S じいさまは、かさこを売って、もちこを買って、ばあさまをよろこばせるために、がんばっているんだな、とおもいました。

Y わたしが、本の中に入って、じいさまのすげがさを買ってあげたいです。

M じいさまは、かさこを売って、もちこを買いたくて、がんばっているんだね。そのちょうしだと、きっと売れるよ。ばあさまもたのしみにしているから、がんばってね。

S みんな、大にぎわいだから、かさこは、うれると思いました。うれなかったら、じいさまもばあさまも、かわいそうだと思いました。みんなは、にこにこわらっているけど、じいさまは、いっしょうけんめいに、かさこをうっていると思いました。

E じいさまがはりきって、売っているかさこを、買う人が一人でもいるといいです。そして、もちこやにんじん、ごんぼも買えるといいです。そして、いろいろな食ざいを買って、いいお正月をむかえてほしいです。

6時間目　菅笠が売れず、しかたなく帰るじいさま

けれども、だれも　ふりむいてくれません。しかたなく　じいさまは、帰ることにしました。

「年こしの日に、かさこなんか買うもんは、おらんのじゃろ。ああ、もちこももたんで　帰れば、ばあさまは、がっかりするじゃろうのう。」

いつの間にか、日もくれかけました。

◎ねらい　菅笠が売れず、しかたなく帰るじいさまの気持ちをとらえる。

＊この場面では、助詞「も」が二通りに使われています。本時では、この強調の「も」と並列の「も」を扱います。しかし、本時は、内容が多いので、この二つの「も」のまとめは、次時で行います。

＊「～じゃろうのう。」は、推量です。この物語のもう一つの表現上の特徴が、この推量の文末です。推量は、推し量ること、思いやり、人を思いやる心の働きです。ここは、ばあさまのことを思いやるじいさまです。

前時の読み

○はじめます。まず、きのう勉強した所をみんなで読みましょう。
・さあ、昨日勉強した所、場所は、どこですか。
・その町、どんな様子だったのですか。
・その市には、何を売る店があったのですか。

・何を売る人が、いたんですか。
・さあ、そこで、じいさま、どうしたのですか。
・じいさま、何て、声をはり上げたのですか。
・では、昨日、終わりに書いた感想をだれか読んでください。

本時の音読

○では、今日はP～L～までやります。まず一人一人、声を出して読んでください。
・だれか読んでください。
・みんなで読みましょう。

書き出し

○では、まず今日の所で思ったこと、考えたこと、頭にうかんだことなど、ノートに箇条書きで2つ書いてください。

話し合い

○さあ、どんなことが書けたか、発表してください。
S だれもふりむいてくれないなんて、びっくりしました。
I だれもふりむいてくれないなんて、かわいそうだなとおもいました。
T じいさまは、日がくれかけるまで、がんばって、売っていたんだと思いました。
E じいさまは、日がくれるまで、かさこを売っていたなんて、すごいなと思いました。
U じいさまとばあさまが、一生けんめい作ってくれたかさだから、わたしは、買ってあげたいと思いました。
N ばあさまをよろこばせたかったのに、すげがさも売れなくて、ざんねんだったと思います。わたしは、売れると思っていたのに。

K じいさまとばあさまが、作ったかさこをだれも買ってくれなかったから、じいさまは、がっかりしたと思います。お正月は、あしたなのに、まにあわなかったら、どうしようかと、こまっていると思います。「かわいそうだなー。」と思います。

■■■本時内容の確認、読み深め■■■

●では、今日の所を聞いていきます。確かめていきます。

【笠が売れず、しかたなく帰るじいさまをとらえる。】

○さあ、じいさま、声をはり上げて売ったけど、どうだったのですか。

・菅笠は、売れたのですか。

○そこでじいさま、しかたなく　どうすることにしたのですか。

・じいさま、どこに帰るのですか。

【菅笠が売れなかったわけをとらえる。】

○さあ、そこでじいさまが　言ったこと、思ったこと、まず一つ何ですか。

・くり返し、年こしの日とは、何月何日ですか。

・別の言い方で言うと、何ですか。（大みそか）

・さあ、どうして大みそかに　笠を買う人なんかいない、売れないのですか。

・例えば、いつだったら、菅笠、売れるのでしょうか。

【「もちこももたんで」の「も」を扱い、もちこはもちろん、にんじん、ごんぼも何も買えなかったことをとらえる。】

○そして、さらにじいさまが、言ったこと、思ったこと何ですか。

・「ああ、もちこももたんで」 さあ一言、じいさま、お正月のもちこは、買えたのですか。

・そして、「もちこももたんで」とは、どういう意味ですか。これ、例えば「もちこをもたんで」とどう違うのですか。やはりグループになって、話し合ってください。

（強調の「も」を扱う。）

・さあ、発表してください。「もちこももたんで」とは、どういう意味ですか。例えば「もちこをもたんで」とどう違うのですか。

・そして、ここ、どうして「もちこも」になるのですか。「もちこを」には、ならないのですか。

・そして、この「もちこ○○も」の、この間に入る言葉は、何ですか。（さえ）

【もちこを手に入れることができず、ばあさまを思いやるじいさまの気持ちをとらえる。】

○そして、じいさま、「もちこももたんで」帰れば、だれが、どうするだろうというのですか。

・「がっかり」とは、どういうことですか。別の言葉にしたら、何ですか。

・さあ、まとめて、この「ああ」、じいさま、何が「ああ」なのですか。どうして「ああ」なんて、言うのですか。

・菅笠が、売れなかったじいさま、今、だれのことを思っているのですか。

【「日もくれかけました。」を扱い、じいさまの気持ちも暗くなっていることをとらえ

る。】

○さあ、最後、「いつの間にか」何もどうしたというのですか。

・さあ、「日がくれる」とは、どういうことですか。

・さらに「日がくれかける」とは、どういうことですか。

・そして、ここ「日がくれかける」ではなく、何て書いてありますか。

・さあ、また「も」が、出てきました。この「も」、さっきの「もちこも」の「も」と同じですか。違いますか。（T、違います。）

・さあ、「日もくれかけました。」と「日がくれかけました。」では、やはりどう違いますか。グループになって、話し合ってください。（並列の「も」を扱う。）

・さあ、発表してください。「日もくれかけました。」と「日がくれかけました。」では、どう違うのですか。

・そして、この「日もくれかけました。」から、わかることは、何ですか。

・つまり、ここでもう一つ、暮れかけているのは、何なのですか。

・じいさまの気持ち、心、どうして暮れかけている、どうして暗いのですか。（菅笠が、売れなかった。もちこも、手に入らなかった。ばあさまが、がっかりする。）

・さあ、こんなじいさまをどう思いますか。何か言ってあげたいことは、ないですか。

○では、今日、勉強した所をみんなで読みましょう。

■■■本時の感想を書く■■■

○では、今日の所で思ったこと、考えたことなど、ノートに30字以上で書いてください。

T 前の場めんでは、あんなに一生けんめいがんばっていたのに、ふりむいてくれないなんて、かわいそうだと思いました。

A じいさまは、ばあさまのことを思って、かさこを売りにいったのに、かさこを一つも買ってもらえないなんて、かわいそうだなと思いました。

N ここまでがんばったのに、がっかりすることばっかりで、かわいそうだなと思います。こんなにがんばってはたらいて、一生けんめいだったのに、だれもかさを買ってくれなくなって、ばあさまも、がっかりすると思います。

U 日だけが、くれかけるのじゃなくて、じいさまの心もくれかけるなら、ばあさまもがっかりすると思いました。

E わたしたちが、お正月にかならずたべれるもちさえも、買えないなんて、かわいそうだなと思いました。

M じいさまの心は日と同じくらいくれかけていたんだと思います。ばあさまはもちこがうれなかったことをしらなくてかわいそうだと思いました。だれもじいさまの気もちをわかっていないから、かさこをかわなかったと思います。じいさまはすごくかわいそうだと思いました。

S じいさまは、もう、うれなかったって、しっているけど、これからしるばあさまは、すごくがっかりすると思いました。じいさまは、いえで、たのしみにまっているばあさまを、思いうかべてがっかりしているんだと思いました。

第三次 吹雪の中、地蔵様に笠をかぶせるじいさま（5時間）

7時間目 とんぼりとんぼり町を出るじいさま

じいさまは、とんぼり　とんぼり　町を出て、村の外れの　野っ原まで来ました。
風が、出てきて、ひどい　ふぶきに　なりました。

◎**ねらい**　とんぼりとんぼり　町を出るじいさまの様子と気持ちを読み取る。
村の外れの野っ原、ひどい吹雪の状況をとらえ、想像する。

＊ここでは、まず前時の復習の中で、助詞「も」の二つの働き（並列と強調）をまとめます。

＊ここは、三章の条件です。菅笠が売れず、もちこも手に入らず、がっかりしているじいさまです。そのじいさまにさらに吹雪がさらに激しく当たります。こういう状況の中で、じいさまが、どういう行動をとるのか、そこに真実をみていきます。

前時の読み

○はじめます。まず、きのう勉強した所をみんなで読みましょう。

【前時の内容から、助詞「も」の二つの働きをまとめる。】

○さあ、じいさま、菅笠は、売れたのですか。

・お正月のもちこは、買えたのですか。

・それでじいさま、どうすることにしたのですか。
・さあ、もう一度、考えてください。「ああ、もちこももたんで帰れば」これ、「もちこをもたんで」とどう違うのですか。
・そして、ここ、どうして「もちこを」ではなく、「もちこも」になるのですか。
・この「もちこ○○も」の、この間に入る言葉は、何ですか。（さえ）
○そして、最後、いつの間にか、何もどうしたというのですか。
・やはり「日もくれかけました。」と「日がくれかけました。」の違いを言ってください。
・そして、やはりこの「日もくれかけました。」から、わかることは何なのですか。
○さあまとめて、この「もちこも」の「も」と「日も」の「も」、意味・働きは、同じですか。違いますか。（T、違います。）
・さあ、この二つの「も」の働き、どう違いますか。考えてください。グループになって、話し合ってください。
・さあ、発表してください。この二つの「も」の働き、どう違うのでしょうか。
○さあまとめて、この「もちこも」の「も」は、どんな時に使うのですか。どんな働きをするのですか。
・「日も」の「も」は、どんな時に使うのですか。どんな働きをするのですか。
＊ここでは、二年生ですので、強調の「も」を「強めのも」、並列の「も」を「同じも」とおさえました。
・では、昨日、終わりに書いた感想をだれか読んでください。

本時の音読

○では、今日はP～L～までやります。まず一人一人、声を出して読んでください。

・だれか読んでください。

・みんなで読みましょう。

書き出し

○では、まず今日の所で思ったこと、考えたこと、頭にうかんだことなど、ノートに箇条書きで2つ書いてください。

話し合い

○さあ、どんなことが書けたか、発表してください。

A じいさまは、とんぼりとんぼり町を出て、村の野っ原まで、がんばって歩いてきたとかんじました。

K じいさまは、町をとんぼりとんぼり出たなんて、さみしいなと思いました。

H じいさまは、もちこさえも買えなくて、がっかりしているのに、ひどいふぶきだったら、さぶいし、かわいそうだとおもいました。

U わたしも、じいさまみたいになったら、たぶんないているとおもいました。

K ひどいふぶきだから、かえるのもたいへんだと思った。こんなにもひどいふぶきにおおわれて、たえられるのですか。

S とんぼりとんぼり町を出て、村の外れの野っ原まで来ても、じいさまは、帰ったらばあさまに、なんて言ったらいいんだろうと思っているんだと思いました。

B じいさまは、とんぼりとんぼりかなしい気もちで、町をでていったんだね。こんなにがんばったのにうれしいこと、なんにもないね。お正月まで、まにあわなかったら、どうするのかな。たのしいお正月が、かなしいお正月になっちゃたら、どうするのかな。

■■■本時内容の確認、読み深め■■■

●では、今日の所を聞いていきます。確かめていきます。

【「とんぼり　とんぼり　町を出る」じいさまの様子、気持ちを想像する。】

○さあ、日も暮れかけて、じいさま、どこをどうしたのですか。（町を出た。）

・「町を出る。」とは、どういう事ですか。

・じいさま、どのように町を出たというのですか。

・「とんぼり」、別の言葉にしたら、何ですか。（しょんぼり、がっかりなど）

・「とんぼり　とんぼり」～似た言葉は、何ですか。（とぼ　とぼ）

・さあ、「とんぼり　とんぼり　町を出る」って、今、じいさま、どんな様子なのですか。じいさまのどんな様子が、君たちの頭にうかんできますか。

・そして、町を出るじいさま、どうして　とんぼり、しょんぼり、がっかりなのですか。

・どうしてじいさま、この町を　とぼとぼ元気なく　出るのですか。

・本当は、じいさま、この町でどうしてくるはずだったのですか。

【じいさまが、町を出て、やって来た「野っ原」の様子をとらえ、想像する。】

○さあ、そのじいさま、町を出て、どこまで来たのですか。

・「野っ原」〜似た言葉は、何ですか。（野原）
・さあ、まず「野原」って、何ですか。どんな所ですか。
・そして、さらに「野っ原」って、何ですか。どんな所ですか。「野原」とどう違うのでしょうか。
◯さあ、その「村の外れの　野っ原まで　来て」、何が、出てきたというのですか。
・そして、どうなったというのですか。
・「ふぶき」って、何ですか。
・ただ雪がふるのと、どう違うのですか。
・そして、「ひどいふぶき」って、さらにどんな様子ですか。

【菅笠は売れず、もちこも手に入らず、じいさまの気持ちは暗い。さらにここではそのじいさまが置かれた状況をまとめる。】

◯さあまとめて、じいさま、今、どんな気持ちなのですか。
・そのじいさま、今、どこにいるのですか。
・そして、そのじいさまに　今、何が吹き付けているのですか。
・どのように雪が、吹き付けているのですか。
・さあ、こんなじいさまを　君たち、どう思いますか。何か言ってあげたいことは、ないですか。
◯では、今日、勉強した所をみんなで読みましょう。

本時の感想を書く

○では、今日の所で思ったこと、考えたことなど、ノートに30字以上で書いてください。

E 六の場めんでは、かさこが売れなくてざんねんなのに、きょうの場めんでも、村の外れの野っ原まできたら、風が出てきて、ひどいふぶきになるなんて、かわいそうだなとおもいました。

W じいさまは、ひどいふぶきの中、かなしい気もちで、とんぼりとんぼり歩いているなんて、かわいそうだとおもいます。

B かさが売れないし、いいことがないのが、かわいそうだなと思いました。ふぶきもつよくて、さびしい野っ原を一人で歩いて、ばあさまが、がっかりするって思っていると思いました。

H がんばってきたのに、かわいそうだね。でも、力をおとしちゃだめだよ。チャンスがあるとおもうよ。きっときっと、もちこ、にんじん、ごんぼ、買えるよ。

S じいさまは、かさこも、うれなくて、ひどいふぶきにもなって、ほんとうに、かわいそうだと、思いました。とんぼりとんぼりじいさまは、歩いているから、かさこがうれなかったことを、早くばあさまにしらせたくなかったんだと思いました。ほんとうに、かわいそうだと、思いました。

M じいさまは、ひどいふぶきにおそわれてすごくかわいそうだと思いました。じいさまは、ばあさまを心配しているよりじぶんのほうがピンチになっていると思いました。ばあさまはうちで「だいじょうぶかな。」としんぱいしてると思いました。

8時間目　吹雪の中、道端に立つ地蔵様に気をとめるじいさま

ふと　顔を上げると、道ばたに、地ぞうさまが　六人　立っていました。
おどうはなし、木のかげもなし、ふきっさらしの　野っ原なもんで、地ぞうさまは、かたがわだけ　雪に　うもれているのでした。

◎**ねらい**　吹雪の中、道端に立つ地蔵さまに気をとめるじいさまをとらえる。
じいさまが、見た地蔵さまの様子をとらえる。

＊この地蔵さまにどのような態度、行動をとるのかが、この物語のテーマとなる。自らも苦しい状況の中にあるじいさまが、やはり吹雪の中に立つ地蔵さまにどのような心、行動を見せるかである。

前時の読み

○はじめます。まず、きのう勉強した所をみんなで読みましょう。
○さあ、菅笠が売れなかったじいさま、どうしたのですか。（町を出た）
・そして、きのうの所、じいさま、どこまで来たのですか。
・さあ、村の外れの野っ原まで来て、何が出てきたのですか。
・そして、何になったのですか。
・さあ、じいさま、今、どんな気持ちなのですか。
・そして、そのじいさまに、何が吹きつけているのですか。
・では、昨日、終わりに書いた感想をだれか読んでください。

本時の音読

○では、今日はP～L～までやります。まず一人一人、声を出して読んでください。

・だれか読んでください。

・みんなで読みましょう。

書き出し

○では、まず今日の所で思ったこと、考えたこと、頭にうかんだことなど、ノートに箇条書きで2つ書いてください。

話し合い

○さあ、どんなことが書けたか、発表してください。

M じぞうさまは、雪にうもれて、つめたそう。

U じいさまは、じぞうさまがかわいそうだなと思っているのかなと思いました。

S おじぞうさんは、いつの日でも立って、みんなをまもっているから、たいへんだと、思いました。

H じいさまは、雪にうもれてしまっているじぞうさまをどうするのかな。

M おじぞうさんもじいさまと同じくらいかわいそうだと思いました。おじぞうさんは何もあまりないのが、じいさまと同じだと思いました。かげもなしの「も」は、同じ「も」だと思いました。

S 道ばたに、じぞうさまが六人立っているけど、じいさまは、じぞうさまを見て、なにかしてあげるのかなと思いました。

本時の内容の確認、読み深め

●では、今日の所を聞いていきます。確かめていきます。

【「ふと顔を上げると」から、じいさまが、ひどい吹雪の中を元気なく歩いてきたことをとらえる。】

○さあ、「ふと　顔を上げると」、これ、だれが、顔を上げたのですか。

・逆に言うと、じいさま、それまで顔をどうしていたのですか。

・さあ、それは、どうしてですか。じいさま、どうして下を向いていたのですか。どうして下を向いて、歩いてきたのですか。（吹雪がひどい。気持ちが沈んでいる。）

【「地ぞうさま」「六人」から、じいさまが吹雪の中に立つ地蔵様をどうとらえているのかを考える。】

○さあ、そのじいさまが、ふと顔を上げると、どこに　何が、どうしていたというのですか。

・「道ばた」とは、どこですか。

・「地ぞうさま」とは、何ですか。

・さあ、君たち、地蔵様を見たことありますか。

・そして、地蔵様、何人、立っていたのですか。

・さあ、「地ぞうが　立っていた。」「地ぞうさまが　立っていました。」比べて、どう違いますか。（敬語表現について扱う。人を　対象を大切に思う心を表す。）

・「六こ　立っていました。」「六人　立っていました。」、やはり比べてどう違いますか。

・そして、「地ぞうさま」「六人」と言っている人、思っている人は、だれなのですか。

（じいさま）

【じいさまが見た地蔵様の様子をとらえる。】

○さあ、その地蔵様、どんな様子だというのですか。わかること、一つ一つ、言ってみてください。

・さあ、まず「おどうはなし」の「おどう」とは、何ですか。
・「木のかげもなし」、もし木があれば、何がだれがどうなのですか。
・そして、「ふきっさらし」とは、どういうことですか。

○さあ、絵を見てください。（教科書の絵、または絵本を見せる）

・結果、地蔵様、どうなっているというのですか。
・さあ、「うもれる」って、どういうことですか。
・お地蔵様、どうして雪に埋もれているのですか。
・お地蔵様、どうして片側だけ、雪に埋もれているのですか。
・さあ、まとめて、地蔵様、今、どんな様子、どんな状態なのですか。

○では、今日、勉強した所をみんなで読みましょう。

■■■本時の感想を書く■■■

○では、今日の所で思ったこと、考えたことなど、ノートに30字以上で書いてください。

Y じぞうさまは、みんなを見まもってくれるかみさまで、ひどいふぶきの日もいつも見まもってくれる大切なものなんだなーと思いました。なのに雪にうもれているから、大へんだーと、じいさまは思ったのかな。

I じいさまは、びっくりするほどうもれている、じぞうさまが立っているところまでいったんだね。びんぼうなのに、すごくやさしいんだね。わたしは、こんなじいさまはとてもいいと思うよ。

E かさこがうれなくて、ふぶきでゆっくりしかうごけないじいさまと、うごけないでゆきにうもれて、ずっとさむい思いをするじぞうさまがにていると思います。

N じいさまは、じぞうさまをかみさまみたいに思っていたから、ていねいないいかたでいったんだと分かりました。じいさまは、じぞうさまが雪にうもれていて、かわいそうだから、かならず何かしてあげると思います。

9時間目　地蔵様の頭の雪をかきおとしたり、肩や背をなでるじいさま

「おお、お気のどくにな。さぞ　つめたかろうのう。」

　じいさまは、地ぞうさまの　おつむの雪を　かきおとしました。

「こっちの地ぞうさまは、ほうべたに　しみをこさえて。それから　この地ぞうさまは、どうじゃ。はなからつららを　下げてござらっしゃる。」

　じいさまは、ぬれてつめたい　地ぞうさまの　かたやら　せなやらを　なでました。

◎ねらい　じいさまの地蔵様への思いやりをとらえる。
その思いやりの心から、地蔵様の頭の雪をかき落としたり、濡れて冷たい肩や背中をなでるじいさまの行動をとらえる。

＊ここでは、まず吹雪の中に立つ地蔵様を見つけたじいさまの思いが、語られます。「気の毒」とは、可哀想と言うことです。「さぞ　つめたかろうのう。」は、推量です。推量とは、推し量ることです。人の身になって、その気持ちを推し量ることです。思いやりです。ここにじいさまの人柄があります。ここからじいさまの地蔵様への思いやりの行動が、くり返されていきます。じいさま自身も辛く苦しい状況にあるのにです。
　本時から三時間、そのくり返されるじいさまの地蔵様への優しさ、その深まりをとらえていきます。

前時の読み

○はじめます。まず、きのう勉強した所をみんなで読みましょう。
・さあ、「ふと　顔を上げると」、これ、だれが、顔を上げたのですか。
・すると、どこに　何が、どうしていたのですか。
・さあ、その地蔵様、どんな様子だったのですか。もう一度、一つずつ言ってみてください。
・では、昨日、終わりに書いた感想をだれか読んでください。

本時の音読

○では、今日はP～L～までやります。まず一人一人、声を出して読んでください。
・だれか読んでください。
・みんなで読みましょう。

書き出し

○では、まず今日の所で思ったこと、考えたこと、頭にうかんだことなど、ノートに箇条書きで2つ書いてください。

話し合い

○さあ、どんなことが書けたか、発表してください。

K はなからつららを下げているじぞうさまが、いるなんて、そこはとってもさむいんだね。

M じぞうさまは、しみをこさえて、つららを下げてまで、わたしたちのことを見まもってくれているんだと思いました。

A じいさまは、ぬれてつめたいじぞうさまに、やさしいんだね。

T じいさまは、人思いがあると思いました。じいさまは、雪にうもれているおじぞうさまを、たすけてあげたんだと思います。

B じいさまは、ちゃんとじぞうさまの気もちを分かってくれているから、つめたいという気もちがわかるんじゃないのかなとおもいました。

N じぞうさまは、じいさまにかんしゃしているかもしれないし、ありがとうとも言いたくなるかも。

T じいさまは、本当にやさしい人だなーと思いました。

M おじぞうさまは、じいさまにやさしくしてもらって、うれしいと思っていると思います。

■■■本時内容の確認、読み深め■■■

●では、今日の所を聞いていきます。確かめていきます。

【吹雪の中、道端に立つ地蔵様を認めたじいさまの思いをとらえる。】

○さあ、道端に地蔵様を見つけたじいさま、どう思った、何て言ったのですか。

・「おお、」、じいさま、何を見て、「おお、」ですか。

・「気のどく」とは、どういう気持ちですか。別の言葉にしたら、何ですか。（かわいそう、心配）

・じいさま、だれが気の毒なのですか。可哀想なのですか。

・じいさま、どうして地蔵さまが、気の毒、可哀想だと言うのですか。

○さあ、「さぞ」、やはり別の言葉にしたら、何ですか。（きっと、さだめし）

・そして、くり返し、「つめたかろうのう。」、これ、だれが、だれのことを「つめたかろうのう。」と思っているのですか。

・じいさま、どうして地蔵様が、「つめたかろうのう。」と思ったのですか。考えたのですか。

・さあ、考えてください。この「つめたかろうのう。」という言い方、思い方、ただ「つめたい。」という言い方、思い方とどう違うのでしょうか。グループになって、話し合ってください。

・では、発表してください。この「つめたかろうのう。」とただ「つめたい。」とでは、どう違う。「つめたかろうのう。」は、どういう時に言うのですか。使うのですか。

＊推量の文末を扱う。人の様子から、その気持ちを推し量って、思いやる言葉遣い、心の働きです。子どもたちに是非、体験させ、身につけさせたい心の働きです。この推量の文末は、前にも出てきました。この後も2回出てきますので、ここでは、はっきりと答えが、出てこなくてもよいです。

【地蔵様を気のどくに思い、じいさまのしたことをとらえる。】

○さあ、それで、そう思って、じいさま、どうしたのですか。

・「おつむ」とは、どこですか。

・さらに「かきおとす」とは、どうすることですか。ただ、「おとす」と、どう違うのですか。

【さらに吹雪の中に立つ地蔵様の様子をとらえる。】

○さあ、さらに「こっちの地ぞうさまは」、どんな様子だというのですか。
・「ほうべた」とは、どこですか。
・「ほうべたに　しみをこさえて。」って、地蔵様のほっぺたが、、どうなっているのですか。
○そして、「それから　この地ぞうさまは」、どうなっているというのですか。
・「つらら」って、何ですか。どんな物ですか。
・「はなからつららを　下げて」って、地蔵様、どうなっているのですか。
・そして、「ござらっしゃる。」、簡単な言葉にすると、何ですか。（いる。）
・でも、じいさま、どうして「ござらっしゃる。」と言うのですか。どうして「いる。」とは、言わないのですか。

【さらにじいさまが地蔵様にしたこと、その様子をとらえる。】

○さあ、最後、じいさま、どうしたのですか。
・さあ、地蔵様、どうしてぬれているのですか。
・地蔵様、どうして冷たいのですか。
・そして、「なでる」とは、どうすることですか。
・じいさま、どうして地蔵様の肩や背中をなでてあげるのですか。
○さあ、P33の絵を見てください。（教科書や絵本の絵から雪に埋もれている地蔵様の様子やその雪を掻き落としたりしているじいさまの行動をとらえる。）
・絵で、地蔵様、どんな様子ですか。
・じいさま、今、どうしているのですか。

【本時のじいさまの思い、行動から、やさしさについて、考える。】

○さあ、君たち、こんなじいさまをどう思いますか。

・どうして、じいさま、やさしいですか。

・逆に言うと「やさしい」って、どういうことですか。どんな人が、優しい人なのですか。

○では、今日、勉強した所をみんなで読みましょう。

■■■本時の感想を書く■■■

○では、今日の所で思ったこと、考えたことなど、ノートに30字以上で書いてください。

E きょうのじいさまは、人がよろこぶことをして、雪にうもれているじぞうさまをたすけてあげるいいところがあるじいさまでした。

U じいさまは、じぞうさまのおつむの雪を一人ずつていねいに、かきおとしたんだね。じぞうさまは、どう思っているのかな。

S じいさまは、じぞうさまに、やさしく手当をして、そして、じぞうさまのかたやらせなやらをなでて、本とうにやさしい人だと思います。じいさまだって、かさこは売れないし、もちこはかえなかったから、本とうにやさしい人だと思います。

M じいさまは、一の場面から、とってもやさしいことばかりしているとおもいました。じいさまは、ちゃんと目上のじぞうさまに、きちんとしたことばをつかっていると分かりました。

T じいさまは、雪にうもれている地ぞうさまをたすけてあげてすごく、やさしいじいさまだと思います。たとえじぶんがさむくても、くるしいときでも、自分のことは、あとでいいから、まず人のことをたすけてあげようという気もちは、すごくたいせつだと思いました。地ぞうさまは、きっとじいさまにかんしゃしていると思います。

S

じいさまは、びんぼうだけど、こんなにやさしいことをしているから、びんぼうじゃない人だと思います。でも、びんぼうだから、お金がないんだなーと思いました。やさしいことをすると、自分にやさしいことが返ってくるから、お正月までまにあうと思います。

10時間目　地蔵様に売りもののかさをかぶせるじいさま

「そうじゃ。このかさこを　かぶってくだされ。」
じいさまは、売りもののかさを　地蔵様にかぶせると、風でとばぬよう、しっかりあごのところで　むすんであげました。

◎**ねらい**　さらに地蔵様にかさこをかぶせるじいさまの優しさをとらえる。

＊前時では、地蔵様に積もった雪を掻き落としたり、ぬれて冷たい地蔵様の肩や背中をなでてあげたじいさまでした。

本時では、さらに吹雪から守るために地蔵様にかさこをかぶせてあげるじいさまです。そして、ポイントは、「売りもののかさ」です。大年の市では、売れなかったけれど、春や夏になれば、売れるかもしれないのです。だから吹雪の中でも、じいさまは、ばあさまと一緒に作ったこのかさこを背負って、帰ってきたのです。しかし、目の前にいて、凍えそうな地蔵様に、他者に進んでこのかさこをかぶせてあげるのです。

前時のじいさまの行為が、身をもって他者に尽くす「献身」ならば、本時のじいさまの行ないは、財産を差し出す「奉仕」と言ってもいいかもしれません。聖書の中の言葉『富は、天に積みなさい。』を思いうかべます。

前時の読み

○はじめます。まず、きのう勉強した所をみんなで読みましょう。

・さあ、吹雪の中に立つ地蔵様を見つけたじいさま、どう思った、何と言ったのですか。
・そう思って、じいさま、まずどうしたのですか。
・そして、さらに「こっちの地ぞうさまは」、どんな様子だったのですか。
・さらに「この地ぞうさまは」、どんな様子だったのですか。
・さあ、最後、じいさま、そんな地蔵様のどこやどこをどうしたのですか。
・では、昨日、終わりに書いた感想をだれか読んでください。

■■■本時の音読■■■

○では、今日はP～L～までやります。まず一人一人、声を出して読んでください。
・だれか読んでください。
・みんなで読みましょう。

■■■書き出し■■■

○では、まず今日の所で思ったこと、考えたこと、頭にうかんだことなど、ノートに箇条書きで2つ書いてください。

■■■話し合い■■■

○さあ、どんなことが書けたか、発表してください。

M **売るはずのかさこをどうしてじぞうさまにあげたのかな。**

T **そうだね。かさこをかぶらなきゃ、また雪にうもれちゃうからね。しっかりあごのところでむすばなきゃ、とんでちゃうからね。**

E **じいさまは、じぞうさまにかさこをかぶせて、いいことをしているけど、わたしだっ**

たら、とおりすぎているとおもいました。

N こんなにやさしいことをしているから、じぞうさまは、六人ともよろこんでいるとおもいます。

U じいさまは、自分のことは、いいから、ほかの人のことを考えて思いやりのある心だと思いました。じいさまは、かさこを地ぞうさまにかぶせてあげたけど、売りもののかさこをあげるなんて、とてもやさしい人だと思いました。じいさまは、人思いだと思いました。売りもののかさこをかぶせてあげて、また風でとばないように、あごのところでむすんであげて、とてもしんせつだと思いました。

O じいさまは、一つも売れなかったかさこをじぞうさまにかぶせてあげたんだね。でも、じぞうさまは六人、かさこは五つしかないので、一人のじぞうさまだけ、かさがかぶせれないから、じいさまはどうするのかな。

本時内容の確認、読み深め

●では、今日の所を聞いていきます。確かめていきます。

【さらに地蔵様に菅笠をかぶせようとするじいさまの思いを考える。】

○さあ、地蔵様の肩や背中をなでてあげたじいさま、それで家に帰ったのですか。

・じいさま、さらにどう思った、何と言ったのですか。

・じいさま、だれを見て、だれのことを思って、「そうじゃ。」と言ったのですか。

・そして、「このかさこ」とは、どのかさこですか。だれが、何のために作ったかさこですか。

・「かぶってくだされ。」、「かぶってくれ。」とどう違う。
・さあ、じいさま、だれにかさこをかぶせようというのですか。
・じいさま、どうして地蔵様にさらに、かさこをかぶせようと思ったのでしょうか。
・かさこをかぶせてあげれば、地蔵様が、どうなのですか。

【「売りもののかさ」の意味、価値をとらえる。】

○さあ、そう思って、じいさま、何をだれにかぶせたのですか。
・「売りもの」とは、どういう意味ですか。
・じいさま、ばあさまが作ったかさこ、大年の市で売れなかったのに、どうして「売りもののかさ」なのですか。
・じいさま、吹雪の中でも、どうしてこのかさこを背負ってきたのですか。
・今度、売れれば、このかさこ、何になるのですか。（お金）

【地蔵様に菅笠をかぶせ、あごの所でしっかりと結ぶじいさまの思いをとらえる。】

○そして、最後、じいさま、どうしてあげたのですか。
・じいさま、どうして風でとばないように、笠をしっかりと結んであげるのですか。
・もし笠が、風で飛んでしまえば、だれがどうなのですか。
・そして、「むすんであげました。」、やはり「むすびました。」とどう違うのですか。

【本時のじいさまの行動の意味を考える。前時と比べながら、さらに考える。】

○さあ、やはりこんなじいさまを君たち、どう思いますか。（優しい）
・やはり、どうしてじいさま、優しいですか。（2、3人発表させる。）
・さあ、考えてください。グループになって、話し合ってください。

今日の所から、どうしてじいさま、優しいですか。優しい人とは、どういう人のことを言うのですか。じいさま、昨日は、どうして優しくて、今日は、どうして優しいのですか。

・では、発表してください。今日の所から、どうしてじいさま、優しいですか。

・優しい人とは、どういう人のことを言うのですか。

・じいさま、昨日は、どうして優しくて、今日は、どうして優しいのですか。じいさまの昨日と今日の優しさの違い、少し言えないでしょうか。

○では、今日、勉強した所をみんなで読みましょう。

本時の感想を書く

○では、今日の所で思ったこと、考えたことなど、ノートに30字以上で書いてください。

U じいさまは、ばあさまといっしょうけんめい作った大切なかさこをじぞうさまにあげるなんて、やさしい人だなと思いました。

S じいさまは、人のためにやさしいことをしてあげているのに、びんぼうだなんて、かわいそうだと思いました。じいさまとばあさまの売る大じなかさこをじぞうさまにかぶせてしまって、いいのかなと思いました。

A じいさまは、やさしい人で、ことばづかいもていねいだから、本当にいい人だなーとおもいました。じいさまは、ちがうきせつにも売ろうと思っていたすげがさをじぞうさまにかぶせたっていうのが、やさしいなと思いました。

K じいさまは、ばあさまといっしょうけんめい作って、町に売りにいって、でも売れなくて、その売れなかったかさこをまたいつか売ろうとしていたのに、じぞうさまにかぶせてあげたら、じいさまとばあさまはこまるはずなのに、自分のことをきにせず、じぞうさまのことを思って、じぞうさまにかさこをかぶせてあげたのが、やさしかったです。

U じいさまは、お金より、地ぞうさまのほうが大切だから、こまっている人を見たら、すぐたすけるいい心を、もっている人だと思いました。地ぞうさまは、じいさまを見て、きっとかんしゃしていると思います。じいさまは、きのうのばめんもやさしくして、きょうのばめんは、もっとしんせつにしたと思いました。

N うりもののかさでもあげられてすごいなぁと思う。自分より人のやさしさをえらんだじいさまは、人生とてもいい生き方をしているんだと思う。かぶってくだされもお気にめしたら、どうかかぶってくださいといういみもあると思う。そんなじいさまをわたしはそんけいしてます。

11時間目 いちばんしまいの地蔵様に　自分のつぎはぎの手ぬぐいをかぶせるじいさま

ところが、地ぞうさまの数は、六人、かさこは、五つ。どうしても　足りません。

「おらので　わりぃが、こらえて　くだされ。」

じいさまは、自分の　つぎはぎの　手ぬぐいをとると、いちばんしまいの地蔵さまに　かぶせました。

「これで　ええ、これで　ええ。」

そこで、やっとあんしんして、うちに帰りました。

◎ねらい　さらにいちばんしまいの地蔵さまに、自分のつぎはぎの手ぬぐいをかぶせるじいさまの優しさをとらえる。

＊吹雪の中に立つ地蔵様のおつむの雪を掻き落としたり、肩や背中をなでてあげたじいさま。さらに前時では、その地蔵様にかさこをかぶせてあげました。しかし、かさこが、一つ「どうしても足りません。」そこで、じいさまは、吹雪の中、自分がかぶってきた手ぬぐいをとり、それをいちばんしまいの地蔵様にかぶせてあげるのです。

ポイントは、「つぎはぎの手ぬぐい」です。じいさまは、この手ぬぐいが、いたんだり　破れても、布を当てて、繕って、使ってきたのです。もしかしたら　じいさまには、この手ぬぐいしかないのかもしれません。つぎはぎでも、じいさまにとっては、大切な手ぬぐいなのです。そして、結果、じいさまは、吹雪から自分を守る笠も手ぬぐいも、なくなってしまうのです。じいさまは、その体を吹雪に曝すことになるのです。しかし、それでじいさまは、安心するのです。心が落ち着いたのです。

仏教でいう忘己利他です。困っている人がいたら、自分のことは忘れて、その人の幸せを願って行動する。仏教でいう布施です。布施とは、身を切るプレゼントです。つぎはぎしながら、大切に使ってきた手ぬぐい。なくてはならない物でも、困難の中にある人に差し出す。自分が、凍えることになっても、他者を助けるということです。

前時の読み

○はじめます。まず、きのう勉強した所をみんなで読みましょう。
・さあ、ぬれて冷たい地蔵様の肩や背中をなでてあげたじいさま、それで家に帰ったのですか。
・さあ、昨日勉強した所、じいさま、さらにだれに何をどうして上げたのですか。
・どうしてじいさま、さらに地蔵様に　かさこをかぶせてあげたのですか。
・では、昨日、終わりに書いた感想をだれか読んでください。

本時の音読

○では、今日はP～L～までやります。まず一人一人、声を出して読んでください。
・だれか読んでください。
・みんなで読みましょう。

書き出し

○では、まず今日の所で思ったこと、考えたこと、頭にうかんだことなど、ノートに箇条書きで2つ書いてください。

話し合い

○さあ、どんなことが書けたか、発表してください。

H かさこが、たりなかったから、自分のつぎはぎの手ぬぐいをかぶせたら、じいさまは、さぶくなるのにとおもいました。

N じいさまは、とてもやさしいことをするのは、いいと思います。それにじぞうさまは六人、かさこは五つでたりないから、じいさまの手ぬぐいをかぶせてあげたのも、いいと思います。

A 自分の手ぬぐいをとって、じぞうさまにかぶせてあげたら、じいさまに雪がかかるけど、どうするのかしりたいです。

T なんで、じぞうさまにかさこと自分の手ぬぐいをかぶせて、ふぶきの中を歩くのに、なんであん心してるんだろう。

I じいさまは、自分のつぎはぎの手ぬぐいをじぞうさまにかぶせてしまって、帰るときは、どうするのかな。

Y じいさまは、じぞうさまみんなに、またうもれないようにしてあげたから、あんしんしてかえったのかなとおもいました。

S うちに帰って、ばあさまは、かさこはないし、もちこもなくて、びっくりすると思いました。

本時内容の確認、読み深め

●では、今日の所を聞いていきます。確かめていきます。

【地蔵様にかさこをかぶせてあげたじいさま。それでもかさこが一つ足りないことをとらえる。】

○さあ、さらに地蔵様にかさこをかぶせてあげたじいさま、それで家に帰ったのですか。

・どうしてじいさま、帰らなかったのですか。

・さあ、地蔵様は、何人?

・じいさまの持っていたかさこは、いくつ?

・さあ、「どうしても足りません。」、これ、何が足りないのですか。

・いくつ　かさこが、足りないのですか。

・このままだったら、だれが、どうなのですか。

【そこで自分のつぎはぎの手ぬぐいをとって、地蔵様にかぶせるじいさまをとらえる。】

○さあ、そこで、じいさま、だれに何と言ったのですか。

・「おら」とは、だれですか。

・「わりい」、ふつうの言葉で言うと何ですか。

・さらに「こらえて」、別の言葉にしたら、何ですか。(がまん)

○さあ、そういって、それで、じいさま、どうしたのですか。

・「手ぬぐい」って、何ですか。

・例えば、タオルとどう違うのですか。

・そして、「つぎはぎの手ぬぐい」って、どんな手ぬぐいですか。

・Ｐ33の絵を見て、普通の手ぬぐいとどう違うのか、言ってみてください。（教科書や絵本でじいさまのつぎはぎの手ぬぐいが、どんななのかを確認する。）

【「つぎはぎの手ぬぐい」の意味を考える。】

○さあ、考えてください。グループになって、次の三つについて、話し合ってください。
◇どうしてじいさまの手ぬぐいは、つぎはぎの手ぬぐいなのでしょうか。
◇どうしてじいさま、つぎはぎをしても、この手ぬぐいを使っているのでしょうか。
◇そして、まとめて、この手ぬぐいは、じいさまにとって、どのような物なのでしょうか。（グループで話し合っても、発表は一人一人自由にさせる。）
・では、発表してください。まず、どうしてじいさまの手ぬぐいは、つぎはぎの手ぬぐいなのでしょうか。
・どうしてじいさま、つぎはぎをしても、この手ぬぐいを使っているのでしょうか。
・そして、まとめて、この手ぬぐいは、じいさまにとって、どのような物なのでしょうか。

【じいさまが自分の手ぬぐいをとって、地蔵様にかぶせてあげたことの内容・意味を考える。】

○さあ、そのつぎはぎの手ぬぐいを　じいさま、どこからとったのですか。（自分の頭から）
・そして、くり返し、その手ぬぐいをだれにかぶせたのですか。
・じいさま、どうして一番しまいの地蔵様に、自分の手ぬぐいをかぶせてあげたのですか。

・手ぬぐいをかぶせてあげれば、一番しまいの地蔵様も、どうなのですか。
・さあ、でも、それまでじいさま、どうして自分の頭に、その手ぬぐいをしてきたのですか。
・そして、地蔵様に手ぬぐいをかぶせたじいさま、結果、自分はどうなってしまったのですか。

【いちばんしまいの地蔵様に手ぬぐいをかぶせ、安心して帰るじいさまの思いをとらえる。】

○さあ、最後、それでじいさま、何と言ったのですか。
・そして、どうしたのですか。（安心して、家に帰った。）
・さあ、「これで　ええ」の「ええ」、普通の言葉にしたら何ですか。（いい。よい。）
・そして、「安心」の反対は、何ですか。（心配）
・さあ、もう一度、じいさま、だれのことが、心配だったのですか。
・じいさま、どうして地蔵様のことが、心配だったのですか。
・そして、じいさま、今、どうして安心したのですか。
・でも、くり返し、そのじいさま、自分の頭や体を吹雪から守る笠や手ぬぐいは、あるのですか。

【本時のじいさまの行動の意味を考える。前時などと比べながら、その優しさの意味を深める。】

○さあ、やはりこんなじいさまを君たち、どう思いますか。
・やはり、どうしてじいさま、優しいですか。（2、3人発表させる。）

・さあ、最後、もう一度考えてください。グループになって、話し合ってください。

今日の所から、どうしてじいさま、優しいですか。優しい人とは、どういう人のことを言うのですか。やはりじいさま、昨日は、どうして優しくて、今日は、どうして優しいのですか。

・では、発表してください。今日の所から、どうしてじいさま、優しいですか。

・優しい人とは、どういう人のことを言うのですか。

・やはりじいさま、昨日は、どうして優しくて、今日は、どうして優しいのですか。じいさまの昨日と今日の優しさの違い、少し言えないでしょうか。

○では、今日、勉強した所をみんなで読みましょう。

本時の感想を書く

○では、今日の所で思ったこと、考えたことなど、ノートに30字以上で書いてください。

E じいさまは、自分の手ぬぐいをじぞうさまにあげるなんて、いい人だなと思いました。

W じいさまの手ぬぐいは、大じで、むかしから大切につかっているものだと分かりました。じいさまは、じぶんが一ばん大切にしていたものをじぞうさまにわたすなんて、とてもやさしいとおもいました。

U じいさまは、一番大切な手ぬぐいをじぞうさまにかぶせてあげて、じいさまは、とってもやさしい人だと思いました。じいさまは、人のことを思ってやっているから、すごくやさしい人だと思いました。

E じいさまは、うりもののかさこをぜんぶあげて、じぶんのもあげて生きてかえれるかわかんないのに、あんしんしてるからビックリしました。

I じいさまは、びんぼうでも、人にうれしいことをするんだね。こんなに大切なものをじぞうさまにかぶせてあげたんだね。あんな大切なものをあげて、さみしくないのかな。とてもいいじさまです。

U じいさまは地ぞうさまにかさこもあげて、自分の手ぬぐいまであげてやさしいをこえて、すごいと思います。じいさまは、すごいふぶきの中、歩いていかなければいけません。今は、地ぞうさまは、おどうもなし、木のかげもなしのところで、かさこや、手ぬぐいだけがあります。じいさまは、なんにもありません。でもふぶきをたえられるものは、ありません。さいしょとまったくはんたいになっています。

M じぶんはどうなってもまわりの人をたすけるのだったらいいと思っていると思いました。人のことならじぶんはどうなってもいいというきもちが、じいさまの心の中にあるから、じぶんをすててでも人をたすけることが、じいさまにはできるんだと思います。

第四次 じいさまを温かくむかえるばあさま　餅つきのまねごとをして、年越しをするじいさまとばあさま（3時間）

12時間目 じいさまを優しく迎えるばあさま

「ばあさま、ばあさま、今　帰った。」

「おお　おお、じいさまかい。さぞ　つめたかったろうの。かさこは　売れたのかね。」

「それが、さっぱり　売れんでのう。」

じいさまは、とちゅうまで来ると、地蔵様が　雪にうもれていた話をして、

「それで、おら、かさこ　かぶせてきた。」

と　いいました。

◎ねらい　じいさまを迎えたばあさまのことばから、ばあさまの優しさをとらえる。

＊ここから二時間、じいさまを迎えたばあさまの優しさをとらえます。この時間でおさえる表現は、推量の文末「つめたかったろう。」です。じいさまが、雪の中に立つ地蔵様を思いやったように、ここでは、吹雪の中を歩いて帰ってきたじいさまを思いやるばあさまのことば、その優しさをとらえます。

そして、もう一つが、語りの順序です。「さぞ　つめたかったろうの。かさこは　売れたのかね。」と「かさこは　売れたのかね。さぞ　つめたかったろうの。」の二文を提示し、その違いを考えさせます。かさこが、売れたかより、まずじいさまの体を心配するばあさまの心の有り様をとらえます。「順序」は、二年生の課題です。順序

に従って、読む・書くです。そして、順序にも意味があるということです。

前時の読み

○はじめます。まず、きのう勉強した所をみんなで読みましょう。
・さあ、最後、じいさま、自分の何をとって、だれにどうしたのですか。
・そして、何と言って、どこにどうしたのですか。
・さあ、まとめて、じいさま、ばあさまと作った売り物の笠をだれにどうしたのですか。
・さらに吹雪の中、かぶってきた自分のつぎはぎの手ぬぐいも、どうしたのですか。
・そして、その結果、じいさま、自分は、どうなってしまったのですか。
・では、昨日、終わりに書いた感想をだれか読んでください。

本時の音読

○では、今日はP～L～までやります。まず一人一人、声を出して読んでください。
・だれか読んでください。
・みんなで読みましょう。

書き出し

○では、まず今日の所で思ったこと、考えたこと、頭にうかんだことなど、ノートに箇条書きで2つ書いてください。

話し合い

○さあ、どんなことが書けたか、発表してください。

N ばあさまは、「さぞ　つめたかったろうの。」と言って、じいさまのことを分かっていて、やさしいと思いました。

U じいさまと、ばあさまは、おなじことをいいます。じいさまは、地ぞうさまにさぞつめたかろうといって、ばあさまは、じいさまに、さぞつめたかっただろうといいます。

K じいさまは、「かさこは　売れたのかね。」と聞かれた時、ちょっとだけばあさまが、がっかりすると思ったんだとおもいました。

A じいさまは、ばあさまに正じきに言ったんだね。えらいなと思いました。

M かさをかぶせてきた話をしたら、ばあさまは、ゆるしてくれると思いました。

W ばあさまは、じいさまになんて言ってあげるのか、つぎの場めんでしりたいです。

本時内容の確認、読み深め

●では、今日の所を聞いていきます。確かめていきます。

【うちに帰ったじいさまの言葉をおさえる。】

○さあ、家に帰ったじいさま、だれに何て言ったのですか。

・じいさま、どこに何し、行ってきたのですか。

【町にかさこを売りに行ってきたじいさまに、ばあさまが言った言葉をおさえる。】

○さあ、帰ってきたじいさまに、ばあさまは、何て言ったのですか。

・「おお　おお、じいさまかい。」、これ、ただ「じいさまかい。」、比べてどう違いますか。

・ばあさま、どうして「おお　おお」なんて、声を出したのですか。

【推量の文末「つめたかったろうの」から、ばあさまのじいさまに対する思いをとらえる。】

○そして、「さぞ」、別の言葉にしたら、何ですか。

・そして、やはり「つめたかったろうの。」、これ、ただ「つめたい。」や「つめたかった。」と比べて、どう違うのですか。

・「つめたかったろう。」は、どういう時に使う言葉ですか。

・そして、ここでは、だれがだれのことを「つめたかったろうの。」と言っているのですか。思っているのですか。

【以下の二文を提示し、この語りの順序の違いからばあさまの優しさをとらえる。】

○そして、ばあさま、じいさまに何とたずねたのですか。（かさこは売れたのかね。）

・さあ、比べて、考えてください。グループになって話し合ってください。

・「おお　おお、じいさまかい。さぞ　つめたかったろうの。かさこは　売れたのかね。」、「おお　おお、じいさまかい。かさこは売れたのかね。さぞ　つめたかったろうの。」、この二つ、比べてどう違いますか。

・では発表してください。（話し合った内容を自由に発表させる。）

・さあ、まとめて、どうしてばあさま「さぞ　つめたかったろうの。」が先なのですか。「かさこは売れたのかね。」は後なのですか。

・さあ、じいさまにかけた　このばあさまのこの言葉から、ばあさまは、どんなばあさまですか。

・それは、どうしてですか。

【さらに、じいさまがばあさまに話したこと、かさこは売れなかったこと、そのかさこを地蔵様にかぶせてきたことをおさえる。】

○さあ、くり返し、じいさま、かさこは、売れたのですか。
・それで、じいさま、ばあさまに何て答えたのですか。
・「さっぱり」、別の言葉にしたら、何ですか。
・そして、じいさま、ばあさまに何がどうしていた話をしたのですか。
・そして、何をどうしてきたと言ったのですか。
○さあ、もう一度、じいさま、かさこを売ってきたのですか。
・お正月のおもちを買ってきたのですか。
・じいさま、反対にばあさまと作ったかさこをどうしてきたのですか。
・さらに何もどうしてきたのですか。（自分のつぎはぎの手ぬぐいも地蔵様にかぶせてきた。）

【次時を予想する】

○さあ、予想で聞きます。さあ、じいさまのしてきたことを聞いて、ばあさまは、どうするでしょう。何て言うでしょうか。
◇一つ、怒る。何でそんなもったいないことをしてきたの、なんて文句を言う。
◇もう一つ、ほめる。じいさま、立派だねと認めてくれる。
◇もう一つ、どっちでもない。普通。
さあ、ばあさまは、どうする、何て言うと思いますか。

○では、今日、勉強した所をみんなで読みましょう。

本時の感想を書く

○では、今日の所で思ったこと、考えたことなど、ノートに30字以上で書いてください。

Y ばあさまは、かさこよりもさきに、じいさまのことを思うなんて、すごくやさしい人だなと思いました。

I ばあさまは、やさしいから、かさこよりじいさまの体の方が、大じなんだと分かりました。

H じいさまが、じぞうさまが雪にうもれている話をしたから、ばあさまは、やさしいひとだから、あとじいさまは、いいことをしたから、あんなにがんばっていたから、きっとばあさまは、ほめてくれると思いました。

M ばあさまはじいさまと同じようにやさしいと思いました。ばあさまは、もちこよりじいさまのことをかんがえてあげていたから「かさこはうれたのかね。」より「さぞつめたかったろうの。」がさきなんだと思いました。じいさまとばあさまは、ものより人を思っている心をたいせつにしているんだと思いました。

U じいさまは地ぞうさまにかさこをかぶせて、地ぞうさまは、よろこんでいます。じいさまとばあさまは、お金がほしくて、がつがつしている人ではありません。人のいのちをまもる、こまっている人をみたら、たすける人だと思います。ばあさまは、じいさまをしんぱいして、さぞつめたかったろうのといってしんぱいして、むかえてくれたんだと思います。たとえびんぼうでもやさしい心があれば、びんぼうをのりこえられると思います。

S このつぎには、ばあさまは、何と、言うのかと思いました。じいさまは、「それが、さっぱり売れんでのう。」と言った時は、がっかりしながら言ったと思いました。でも、それを、ばあさまが、きっとなぐさめてくれると思いました。

13時間目　地蔵様に笠をかぶせてきたじいさまに「ええことをしなすった」と認めるばあさま

すると、ばあさまは、いやな顔　ひとつしないで、
「おお、それは　ええことをしなすった。地ぞうさまも、この雪じゃ　さぞ
つめたかろうもん。さあさあ、じいさま、いろりに来て　当たってくだされ。」
じいさまは、いろりの上に　かぶさるようにして、ひえた体を　あたため
ました。

◎ねらい　じいさまのしてきたことを「ええことをしなすった。」と認め、ともに雪の中に立つ地蔵様のことを思いやるばあさまの優しさをとらえる。

＊ここで、もう一度、推量の文末が出てきます。「さぞ　つめたかろうもん」です。ここは、ばあさまが、吹雪の中に立つ地蔵様を思いやっての言葉です。推量の文末＝人思いの文末です。この作品の学習を通して、子どもたちの普段の生活の中に人を思いやる優しい心の働きが、広がっていけばと思います。

そして、ここでのポイントは、「それは　ええことをしなすった。」です。これが、じいさまのしてきたことをまとめた言葉、評価した言葉です。「善悪」の善です。ばあさまは、じいさまがしてきた事を「善いこと」と認め、敬語「しなすった。」と尊び、敬ったのです。小学校では、基本的考え方として、善悪について考えさせることが、大切です。じいさまがした善いこととは、この物語から学ぶ善いこととは、吹雪の中に立つ地蔵様＝困難の中にある人、困っている人がいたら手を差しのべる。降り

積もった雪を掻き落としてあげる、なでてあげるということです。「売り物のかさ」=自分の財産を投げ出しても、守ってあげるということです。さらに「つぎはぎの手ぬぐい」、自分にとってなくてはならない物でも、それで自分が逆に困難な状況に陥ろうとも差し出して、困っている人を助けてあげるということです。献身、奉仕、布施ということです。

仏教では、「諸悪膜作、衆善奉行」(しょあくまくさ、しゅうぜんぶぎょう)、悪い事はするな、善い事をしなさい、と教えます。善をなす。それは、簡単なことと言えそうですが、それが難しいのです。それが、修行の一つともなるのです。

前時の読み

○はじめます。「かさこじぞう」まず、きのう勉強した所をみんなで読みましょう。

・さあ、町から帰ってきたじいさまに、ばあさま、何て言ったのですか。
・それに対して、じいさま、何と答えたのですか。
・そして、じいさま、ばあさまに何の話をしたのですか。
・そして、何をどうしてきたと言ったのですか。
・では、昨日、終わりに書いた感想をだれか読んでください。

本時の音読

○では、今日はP～L～までやります。まず一人一人、声を出して読んでください。

・だれか読んでください。
・みんなで読みましょう。

書き出し

○では、まず今日の所で思ったこと、考えたこと、頭にうかんだことなど、ノートに箇条書きで2つ書いてください。

話し合い

○さあ、どんなことが書けたか、発表してください。

T じいさまは、じぞうさまのことをおもって、やさしいことをしたから、ばあさまも、いやな顔ひとつしなかったんだと思いました。

S わたしが、びんぼうだったら、たぶんいやな顔をすると思うのに、ばあさまは、いやな顔をしないなんて、すごいね。

M ばあさまは、じいさまとじぞうさまのことをだいじに思っているんだね。

T ばあさまは、いやな顔は、ひとつもしないから、もちこはいいから、じいさまが、ぶじでよかったと思っていると思います。

H じいさまが、かさと手ぬぐいをじぞうさまにかぶせた話をしたら、ばあさまは、ほめてくれたんだね。よかったね。

U じいさまに、さぞつめたかったろうのといって、しんぱいして、こんどは、地ぞうさまにもしんぱいして、自分のことよりほかの人のほうが大切だと思いました。

M 地ぞうさまものもは、地ぞうさまとじいさまが同じなんだと思いました。ばあさまはやっぱりもちこより地ぞうさまの体をだいじにしていると思いました。

I ばあさまは、じいさまの体がつめたいから、あたためてあげたんだね。

W 絵を見ると、じいさまとばあさまは、なかよしだから、二人ともにっこりわらいながら、しゃべっていることが分かりました。

本時内容の確認、読み深め

●では、今日の所を聞いていきます。確かめていきます。

【じいさまの話を聞いての、ばあさまの表情・態度をおさえる。】

○さあ、ばあさま、それでも、どんな顔一つ、しなかったというのですか。

・「いや」とは、どういうことですか。別の言葉にしたら、何ですか。

・そして、「いやな顔」って、どんな顔ですか。

・だれか、いやな顔、してみてください。

・さあ、本当だったら、ばあさま、何が、いやなのですか。じいさまのしてきたこと、何が困った事なのですか。

【じいさまの話を聞いてのばあさまの言葉「おお、それは　ええことをしなすった。」をおさえる。】

○さあ、そのばあさま、「いやな顔　ひとつしないで」、何て言ったのですか。（＊ここは、一つずつおさえる。まず「おお、それは　ええことをしなすった。」）

・「ええこと」、普通の言葉にすると何ですか。（よいこと）

・そして、「よいこと」の反対は、何ですか。（悪いこと）

・そして、さらに「しなすった。」、簡単な言い方にすると何ですか。（した。）

・「しなすった。」、ただ「した。」とどう違いますか。

・さあ、まとめて、ばあさま、じいさまのしてきたことを聞いて、怒ったのですか。褒めてくれたのですか。普通だったのですか。

【推量の文末「さぞ　つめたかろうもん。」から、ばあさまの思いやり、優しさをとらえる。】

○さあ、じいさまのしなさった「ええこと」とは、何ですか。

・ばあさま、どうしてそれが、よいことだというのですか。その分けは、何ですか。

（「地ぞうさまも、この雪じゃ　さぞ　つめたかろうもん。」）

・さあ、「さぞ」、別の言葉にしたら、何ですか。

・そして、また出てきました。「つめたかろうもん。」、やはり、ただの「つめたい。」や「つめたかった。」とどう違うのですか。

・やはり、どういう時に「つめたかろう。」という言葉は、使うのですか。

・ここでは、だれがだれのことを「つめたかろう。」と言っているのですか。思っているのですか。

・さあ、ここから、そして、ここまでをまとめて、ばあさま、どんなばあさまですか。

・それは、どうしてですか。

【じいさまのしてきたよいこととは何か。善いこととは、どんな行為なのかを考える。】

○さあ、もう一度まとめて、じいさまがしてきた「ええこと」、よいこととは、何ですか。

・そして、ここからまとめて、よいこととは、どういうことですか。どんなことをすることが、よいことなのですか。

【冷えた体をいろりで暖めるじいさまをおさえる。】

○さあ、ばあさま、吹雪の中を帰ってきたじいさまに、最後、何て言ったのですか。どうしてくだされって、言ったのですか。
・「いろり」とは、何ですか。
・「当たってくだされ。」、「当たれ。」とか「当たってくれ。」などと、どう違いますか。
・それで、じいさま、どうしたのですか。
・じいさま、どうしていろりにかぶさるようにして、体をあたためたのですか。
○では、今日、勉強した所をみんなで読みましょう。

本時の感想を書く

○では、今日の所で思ったこと、考えたことなど、ノートに30字以上で書いてください。

N ばあさまは、体のひえたじいさまに、やさしくていねいな言い方で言ってあげるなんて、やさしいなと思いました。

A ばあさまとじいさまは、ちゃんとしたていねいな言い方だと思いました。

O ばあさまは、やさしい人だね。ばあさまも、じぞうさまが雪にうもれているのをそうしているんだね。あと、ほめてくれてよかったね。じいさま。

M じいさまたちはものより人で、じぶんがくるしくてもほかの人をたすけることができるのは、じいさまたちの心にかみさまみたいにやさしい気もちがあるからだと思います。ばあさまはもちこが手に入らなくても、人がたすかればどうでもいいと思っているんだと思いました。

T じいさまとばあさまは、二人で思いあっていると思います。じいさまは、ひどいふぶきの中にいたとき、ばあさまのことをしんぱいしていたし、ばあさまは、じいさまが、ひどいふぶきの中にいたとき、じいさまのことをすごくしんぱいしていたことが、二人で思いあっていると思いました。じいさまと、ばあさまは、地ぞうさまのこともしんぱいしていたので、すごく、地ぞうさまのことを、思ってあげていると、思いました。

14時間目　大晦日、もちつきのまねをし、お湯を飲んでやすむじいさまとばあさま

「やれやれ、とうとう　もちこなしの年こしだ。そんならひとつ、もちつきのまねごとでも　しようかのう。」
　じいさまは、
　米の　もちこ
　ひとうす　ばったら
と、いろりのふちを　たたきました。
するど、ばあさまも　ホホとわらって、
　あわの　もちこ
　ひとうす　ばったら
と、あいどりのまねを　しました。
それから、ふたりは、つけな　かみかみ、おゆをのんで　やすみました。

◎**ねらい**　大晦日の夜、もちつきのまねをし、つけなかみかみ、おゆをのんでやすむじいさまとばあさま。貧しくても、互いに思いやり、明るく耐える二人の姿をとらえる。

*じいさまは、町に笠を売りに行ったけれど、売れず、もちこも、にんじん、ごんぼも手に入りませんでした。じいさまは、帰る途中、吹雪の中に立つ地蔵様に売り物の笠を、自分の手ぬぐいもかぶせてきました。ばあさまは、それを「ええこと」と認めました。褒めました。

　ばあさまを慰めようと、もちつきのまねをするじいさまです。そのじいさまの思い

を「ホホと　わらって」受けとめるばあさまです。互いに思いやり合う二人です。その二人は、一年の終わり、大晦日のその夜、つけ菜かみかみ、お湯をのんで　やすみました。

わたしは、ここに庶民の強さ、健全性をみます。極めて貧しい状況の中でも、「悪」に走らず、明るく耐えて生きる。その精神の高さ、深さをこの『じいさま』と『ばあさま』の姿にみるのです。人々が、なぜこのお話を語り継いできたのか、民話にまで結晶化させたのか、その思いを重く受け止めたいと思います。

前時の読み

○はじめます。「かさこじぞう」まず、きのう勉強した所をみんなで読みましょう。

・さあ、ばあさま、じいさまが、売り物の笠をかぶせてきたと聞いて、自分の手ぬぐいも地蔵様にかぶせてきたと聞いて、怒ったのですか。褒めてくれたのですか。普通だったのですか。

・さあ、ばあさま、何と言って、褒めてくれたのですか。

・どうしてばあさま、じいさまが、してきたことを善いことだというのですか。

・そして、最後、ばあさま、じいさまに「どこにどうしてくだされ。」って、言ったのですか。

・では、昨日、終わりに書いた感想をだれか読んでください。

本時の音読

○では、今日はP～L～までやります。まず一人一人、声を出して読んでください。

・だれか読んでください。
・みんなで読みましょう。

書き出し

○では、まず今日の所で思ったこと、考えたこと、頭にうかんだことなど、ノートに箇条書きで2つ書いてください。

話し合い

○さあ、どんなことが書けたか、発表してください。

Y もちこがなくても、もちつきのまねごとをしようと思うなんて、いい考えだね。

I あいどりって、なんだろうと思いました。

K じいさまとばあさまが、一生けんめい作ったかさこが売れなくて、もちこも買えなかったから、わたしたちは、かならず食べられるもちこさえも食べられないお正月になるのかなと思いました。

A じいさまとばあさまは、もちつきのまねごとをしても、もちこは食べられなくて、かわいそうだと思いました。

U じいさまとばあさまは、もちこはないけど、もちつきのまねごとをして気をまぎらわしているのかもしれません。

M もちつきのまねだけでも、たのしいと思います。

S びんぼうだけど、とってもなかよしで、今の場めんは、たのしそうです。

■■■本時内容の確認、読み深め■■■

●では、今日の所を聞いていきます。確かめていきます。

【もちこなしの年越しに、「もちつきのまねごとでもしようかのう。」とばあさまに声をかけるじいさまをとらえる。】

○さあ、このお話で、今日は、何月何日ですか。（12月31日、大晦日）

・じいさま、ばあさま、お正月のおもちの用意は、できたのですか。

・それで、じいさま、だれに、何て言ったのですか。

・どうして、じいさま、「やれやれ」ですか。

・ここ、どうしてじいさま、「とうとう」ですか。

・そして、「もちつき」とは、何ですか。

・「まねごと」とは、どういうことですか。

○そう言って、じいさま、さらに何と言って、どうしたのですか。（じいさまは、米のもちこ　ひとうす　ばったらと、いろりのふちをたたきました。）

・「ひとうす」って、わかりますか。

・「いろりのふち」って、どこですか。

・さあ、まとめて　じいさま、どうしてばあさまにこんなことを言ったのですか。どうしてこんな事をしたのでしょうか。

【「ホホとわらって」あいどりのまねをするばあさまをとらえる。】

○さあ、じいさまにそう言われて、ばあさま、どうしたのですか。（ホホとわらった。）

・そして、さらに何と言って、どうしたのですか。

・「わらう」って、どうすることですか。
・「ホホとわらう」って、どんな笑い方ですか。
・だれか、できたらやってみてください。
・そして、わらうの反対は、何ですか。（泣く・怒る）
・そして、さらにおもちつきで、「あいどり」って、どうすることか、知っていますか。
・さあ、まとめて、ばあさま、どうして「ホホとわらって」、じいさまと一緒にもちつきのまねをしたのですか。どうして、やはりイヤな顔などしなかったのですか。

【本時の二人の様子から、もちなしの年こしでも、互いに励まし合うじいさまとばあさまをとらえる。】

◯さあ、ここまでをまとめて、このじいさまとばあさま、どんなじいさまとばあさまですか。（仲良し、思いやり合うなど）
・それは、どうしてですか。

【大晦日の夜、お茶を飲むこともなく、漬け物をかみながら年を越すじいさまとばあさまをとらえる。】

◯さあ、最後、それからじいさまとばあさま、どうしたというのですか。
・「つけな」って、何ですか。
・そして、「おゆ」、「お茶」とどう違う。
・さあ、君たちの家で、おおみそかにたべるもの、「つけな」ですか。
・飲む物、「おゆ」ですか。
・そして、「やすむ」、別の言葉にしたら、何ですか。（寝る）

【一年の終わり、もちこの用意もできず、貧しさに耐え、明るく年を越すじいさまとばあさまについて考える。】

○さあ、眠って起きれば、明日は、何月何日ですか。（一月一日、お正月）
・さあ、くり返し、じいさまとばあさま、お正月の準備は、できたのですか。
・でも、君たち、このじいさまとばあさまを見ていて、どんな感じを受けますか。
・じいさまとばあさま、おもちなどお正月の準備ができなくて、辛そうですか。泣きそうですか。暗いですか。
・こんなじいさま、ばあさまを君たちどう思いますか。
・それは、どうしてですか。
○では、今日、勉強した所をみんなで読みましょう。

本時の感想を書く

○では、今日の所で思ったこと、考えたことなど、ノートに30字以上で書いてください。

B じいさまとばあさまは、もちこがなくても、なかよく楽しそうにもちつきのまねをしているんだね。

K もちこがかえなくても、ぜったいかなしまないでいてすごいと思いました。なぜかというと、わたしだったらないてしまっていると思ったからです。それにお茶ものめないぐらいのほどで、おゆとつけものぐらいしか、食べたりのんだりしかできないのかと思って、とてもかわいそうだと思いました。

H ほんもののお正月の気分になって、たのしそうだと思います。わけは、ばあさまがホホとわらったし、ほんとうにたのしそうだからです。

O じいさまとばあさまは、びんぼうなのにあかるくてえらいなぁと思いました。つけものとかおゆとかしかなくて、かわいそうだなぁと思いました。自分だったら、くらくなっちゃうと思います。

N じいさまは、一生けんめいかさこを作って、売りにいってきても売れなかったし、帰りには、じぞうさまに売り物のかさや大じな手ぬぐいをあげたけど、ふぶきの中、家まできて、つかれているから、おゆをのんで、すぐにねたんだと思いました。

M じいさまとばあさまは、一年間はたらいてがんばってきたのに、ばあさまたちはもちこさえも手にはいらなくて、すごくかわいそうだと思いました。じいさまたちはもちこが手にはいらなくても、あいてががっかりしていると思って、あいてをはげましてあげて、自分より人のことをしんぱいして、かみさまと同じくらいやさしいと思いました。かみさまと同じくらいやさしい所は、じぶんががっかりしていても、あいてががっかりしているときには、あいてをはげましてあげることです。

U お茶っぱさえもないから、とてもかわいそうだと思いました。このちょうしだと、お正月もぶじにこせないと思います。年こしの日に、つけなとおゆしか、たべられなくて、わたしがじいさまとばあさまをしっていたら、なんでもしてあげたいと思いました。もちつきのまねをして、すこしでも、たのしいお正月をむかえられるようにしているのかもしれません。もちこなしの、としこしは、つらいと思います。でも、じいさまとばあさまは、そのつらいひびを、くりかいしながら、のりこえていく人だと思いました。

第五次

地蔵様がお正月のお餅などをそりに乗せて運んでくるよいお正月を迎えるじいさまとばあさま（2時間）

15時間目　大晦日の真夜中、そりを引くかけ声がし、何やら重い物をおろしていく

　すると、ま夜中ごろ、雪の中を
　　じょいやさ　じょいやさ
と、そりを引くかけ声が、してきました。
「ばあさま、今ごろ　だれじゃろ。長じゃどんのわかいしゅが、正月買いもんをしのこして、今ごろ　引いてきたんじゃろか。」
　ところが、そりを引く　かけ声は、長じゃどんのやしきの方には　行かず、こっちに　ちかづいてきました。
　耳をすまして　聞いてみると、
　　六人の　地ぞうさ
　　かさこ　とって　かぶせた
　　じさまの　うちは　どこだ
　　ばさまの　うちは　どこだ
と　うたっているのでした。
　そして、じいさまのうちの前で止まると、何やらおもいものを、ズッサンズッサンと下ろしていきました。

◎**ねらい**　大晦日の真夜中、雪の中、そりを引くかけ声がし、じいさま・ばあさまのうちの前で、何やらおもいものをおろしていったことをとらえる。

＊ポイントは、「長じゃどんのやしきの方には　行かず」です。「長じゃどん」とは、金持ち、富豪。「屋敷」とは、門を構え、塀で囲まれた大きくて立派な邸宅です。「長者どんの若い衆」とは、富豪の所で働く下人、使用人たちです。さらに「正月買いもんをしのこして」とは、一度買い物をして、もう一度行ってきたのです。それも夜遅く、若者たちが、そりを引いてです。

ここに「もちこ」さえ、手に入らなかったじいさま・ばあさまとの対比、違いが、表現されています。

そして、地蔵様は、その富者である長者どんの方には行かず、貧しくても困っている人たちに手を差し伸べたじいさま・ばあさまの方に来たのです。さがしてきたのです。

前時の読み

○はじめます。「かさこじぞう」まず、きのう勉強した所をみんなで読みましょう。

・さあ、このお話、一年のうちのいつですか。
・さあ、じいさまとばあさま、お正月の準備は、できたのですか。
・それで、じいさま、何と言って、どうしたのですか。
・じいさま、どうして「やれやれ、とうとう」なのですか。
・さあ、じいさまにそう言われて、ばあさま、どうしたのですか。（ホホとわらった。）

・ばあさま、「ホホとわらって」、さらにどうしたのですか。
・さあ、昨日の場面、大晦日のいつですか。（夜）
・さあ、大晦日の夜、じいさまとばあさま、最後、どうしたのですか。
・では、昨日、終わりに書いた感想をだれか読んでください。

■■本時の音読■■

○では、今日はP～L～までやります。まず一人一人、声を出して読んでください。
・だれか読んでください。
・みんなで読みましょう。

■■書き出し■■

○では、まず今日の所で思ったこと、考えたこと、頭にうかんだことなど、ノートに箇条書きで2つ書いてください。

■■話し合い■■

○さあ、どんなことが書けたか、発表してください。

E こんなま夜中に、そりをひく音がしたら、わたしも「あれ、なんだろう。」と思ってしまいます。

I ズッサンズッサンのところは、地ぞうさまがおもいものをおいた音をあらわしていると思いました。

M 本当にだれだろう。なんでちかずいてきたんだろうと思います。

T 37ページのえには、じぞうさま六人で一生けんめいおもいものをもっているみたいでした。

W じぞうさまは、じいさまとばあさまが作ったかさこや、じいさまが大じにしていた手ぬぐいをかぶせてくれたから、おかえしになにかおいていったのかなと思いました。

K じぞうさまは、なにをズッサンズッサンと、おろしていったのかな。

本時内容の確認、読み深め

●では、今日の所を聞いていきます。確かめていきます。

【大晦日の真夜中、「じょいやさ　じょいやさ」とそりを引くかけ声がしてきたことをとらえる。】

○さあ、今日の所、さらにいつごろですか。

・「真夜中」って、何時頃ですか。

・さあ、真夜中頃、どんな声がしてきたというのですか。（じょいやさ、じょいやさ）

・「じょいやさ、じょいやさ」、それは、何をどうする声だというのですか。

・「そり」って、何ですか。

・「かけ声」って、何ですか。

・さあ、「じょいやさ、じょいやさ」、みんなで言ってみましょう。

・さあ、君たち、「じょいやさ、じょいやさ」、言ってみてどうですか。

・「じょいやさ、じょいやさ」って、聞いてどうですか。

○さあ、そのかけ声を聞いて、だれが、何と言ったのですか。（じいさまの言葉を、全部言わせる。）

・「長じゃどん」とは、何ですか。どういう人か、わかりますか。

・さらに「長じゃどんのわかいしゅ」とは、何ですか。どういう人たちか、わかりますか。（＊若い使用人、下人）

・さあ、くり返し、じいさま、長じゃどんのわかいしゅが、どうしてこんな真夜中に、そりをひいてきたというのですか。

・「正月買いもんをしのこして」とは、どういうことですか。

・反対にじいさま、ばあさまは何さえも買えなかった、用意できなかったのですか。

・さあ、もう一度、「長じゃどん」って、どういう人ですか。「じいさま、ばあさま」とどう違いますか。

【そりを引くかけ声は、じいさま・ばあさまの家の方に近づいてきたことをとらえる。】

○さあ、「ところが」、そのそりを引くかけ声、どっちには、行かず、どっちに近づいてきたというのですか。

・「やしき」とは、何ですか。どんな家ですか。

・そして、「こっち」とは、どっちですか。どこですか。

【地蔵様の歌っていたことをとらえる。】

○さあ、「耳をすまして　聞いてみると」、これ、だれが耳をすまして聞いたのですか。

・すると、その声は、何て歌っていたというのですか。（地蔵様のかけ声をすべて言わせる。）

・さあ、「六人の地ぞうさ　かさことって　かぶせた　じさま」って、だれのことですか。

・つまり、その声の人たち、だれのうちをさがしてきたのですか。

・さあ、一つ聞きます。実際に地蔵様に笠や手ぬぐいをかぶせたのは、だれですか。
・でも、このかけ声、どうして「ばさまの　うちは　どこだ」とも、言っているんでしょうか。

【そりを引くかけ声がじいさまのうちの前で止まり、何やら重い物をおろしていったことをとらえる。】

○さあ、最後、その声は、だれのうちの前で、止まったのですか。
・そして、何をどうしていったというのですか。
・「ズッサン　ズッサンと下ろす」って、どんな様子ですか。ただ「下ろす」とどう違うのですか。
○では、今日、勉強した所をみんなで読みましょう。

本時の感想を書く

○では、今日の所で思ったこと、考えたことなど、ノートに30字以上で書いてください。

S **じぞうさまは、おもいものをたくさんもって、ずっさんずっさんとおろしていったんだね。**

A **じぞうさまは、一つだけおもいものをおいていったのではなく、いっぱいおろしていったんだと分かりました。**

O **じいさまたちのことを長者どんのわかいしゅたちは、わかっていてもたすけようとしないと思います。じいさまたちはお金持ちにはまけるけど、心のやさしさはだれにもまけないと思いました。**

Y 「六人の地ぞうさ　かさことって　かぶせたじさまのうちは　どこだ　ばさまのうちは　どこだ」って、言っているから、きっとじいさまが、かさをかぶせてあげたおれいに、もちこやいろいろもってきたのかな。つぎの場めんで、はやく知りたいです。

M もしじいさまたちのうちの前にじぞうさまがおいたものが、お正月のものだったらいいと思いました。じいさまがかさこをかぶせてあげて、ばあさまはじいさまだけじゃなくじぞうさまもしんぱいしてあげたおれいにきたんだと思いました。

T じぞうさまが雪にうもれていたとき、じいさまは、じぞうさまに、かさこをかぶせてあげたから、じぞうさまは、すごくうれしかったと思います。だからそのおれいで、何かを、もってきてあげたと思います。じぞうさまも、じいさまも、心がやさしいと思いました。じぶんが、だれかにたすけてもらったら、おれいでなにかをもってきてあげて、すごくやさしいじぞうさまたちだと思います。

B じいさまとばあさまは、もちつきのまねごとも楽しんでいたけど、あしたは、じぞうさまがもってきてくれたものをみて、もっともっとよろこぶのかなと思いました。

16時間目　米のもちなど地蔵様からもらい、よいお正月を迎えるじいさまとばあさま

じいさまとばあさまが、おきていって、雨戸をくると、かさこをかぶった地ぞうさまと、手ぬぐいをかぶった地ぞうさまが、
じょいやさ　じょいやさ
と、空ぞりを引いて　帰っていくところでした。
のき下には、米のもち、あわのもちのたわらが、おいてありました。
そのほかにも、みそだる、にんじん、ごんぼやだいこんのかます、おかざりのまつなどが、ありました。
じいさまとばあさまは、よいお正月を　むかえることが、できましたと。

◎**ねらい**　地蔵様から米のもちなど、たくさんの物をもらい、じいさまとばあさまは、よいお正月をむかえたことをとらえる。

＊ここは、物語の結果です。善因善果（↔悪因悪果）。善い事をすれば、善い事があるということです。

時は、年越しの日。このお話は、なぜ年越しの大晦日に設定されたのか。一年間働いても、貧しく厳しい生活。それでも困った人がいれば、手を差しのべ、奉仕する。自身の身を切っても、施し、助ける。そして、明るく支え合って、耐える。そんなじいさま・ばあさまに地蔵様は、贈り物を届けてくれたのです。

民話、民衆の中にある生き方、真実。それは、貧しさに耐えて、明るく優しく、助け合い支え合って、強く生きる。仏教ですから、それをくり返す。行（ぎょう）ずる

ということです。地蔵様は、そういう民衆を救う。贈り物を届けてくださるのです。

「かさこじぞう」、それは、民衆信仰、地蔵信仰の歌です。

善因善果。勧善懲悪。～小学校段階は、これでよいと考えます。善い事をすれば、善い事がある。これが、健全な心の有り様（よう）だと思います。子どもたちの生活のあり方、生き方の基本として、大切にされることを願います。

■前時の読み■

○はじめます。「かさこじぞう」まず、きのう勉強した所をみんなで読みましょう。
・さあ、昨日の所、大晦日のいつ頃でしたか。
・さあ、真夜中頃、どんな声がしてきたというのですか。（じょいやさ　じょいやさ）
・それは、何をどうする声なのですか。
・さあ、そのかけ声の人たち、さらに何て歌っていたのですか。
・そして、その声の人たち、だれのうちの前で、止まったのですか。
・そして、何やら、どんな物をどうしていったというのですか。
・では、昨日、終わりに書いた感想をだれか読んでください。

■本時の音読■

○では、この「かさこじぞう」、今日で読み終わりです。P～L～から終わりまで、一人一人、声を出して読んでください。
・だれか読んでください。
・みんなで読みましょう。

書き出し

○では、今日の所で思ったこと、考えたこと、頭にうかんだことなど、ノートに箇条書きで２つ書いてください。

話し合い

○さあ、どんなことが書けたか、発表してください。

E よかったね。じいさまとばあさま、米のもちやあわのもちが、あったんだね。

T えを見ると、よいお正月が、できるかんじのうれしそうなじいさまとばあさまだと思いました。

A じぞうさまが、もってきた米のもちやみそだるやにんじんは、わたしからするとクリスマスプレゼントみたいなものだと思いました。

S はじめは、たいそうびんぼうで、やっとくらしていたのに、とってもやさしいことをしたから、今は、とってもしあわせなんだと思いました。

M じいさまたちと地ぞうさまは、思いあっていると思いました。

K じいさまたちは、いいお正月をむかえることができて、とってもよかったね。

T じぞうさまのもってきたのものは、ぜんぶじいさまとばあさまが、ほしかったものだと思います。じいさまが、じぞうさまに、かさこをかぶせたとき、じぞうさまは、じいさまにかんしゃをしていて、こんどは、はんたいにじいさまたちが、ほしかったものをもってきてくれて、じいさまとばあさまは、じぞうさまに、かんしゃをしていると思いました。

■■■本時内容の確認、読み深め■■■

●では、最後の所を聞いていきます。確かめていきます。

【じいさま・ばあさまが雨戸をあけると、地蔵様が帰っていくところだったことをとらえる。】

○さあ、「何やらおもいものを、ズッサン　ズッサンと下ろしていきました。」、さあ、そこで、じいさまとばあさま、どうしたのですか。

・「雨戸をくる」って、どうすることですか。

○すると、何をしただれと何をしただれが、見えたのですか。

・さあ、この地蔵様にかさこをかぶせたのは、だれですか。

・この地蔵様に手ぬぐいをかぶせたのは、だれですか。

・じいさま、なぜ、どうして地蔵様に笠や手ぬぐいをかぶせてあげたのですか。

・さあ、その地蔵様、何と言って、どうしていくところだったのですか。

・「空ぞり」って、何ですか。

【すると、のき下にもちの俵やにんじん、ごんぼのかますなどがあったことをとらえる。】

○さあ、すると、どこに何があったのですか。

・「のき下」とは、どこですか。

・「俵」って、何ですか。どんな物ですか。

・その他にも、何や何が、あったというのですか。

・やはり「かます」って、わかりますか。どんな物ですか。

【なぜ、地蔵様は、もちの俵などをじいさま・ばあさまのうちに持ってきてくれたのかを考える。】

○さあ、まとめて、これらの物、だれが、だれのうちに持ってきてくれたのですか。

・さあ、地蔵様が、じいさまのうちに持ってきてくれた物、もう一度、順に全部言ってください。

・さあ、P39の絵を見てください。（教科書や絵本の絵で確認する。）

・まず、「米のもち、あわのもちのたわら」って、どれでしょう。

・「みそだる」って、どれか、わかりますか。

・さらに「おかざりのまつ」って、どれですか。

・さあ、地蔵様、こんなにたくさんの物をどうしてじいさまのうちに持ってきてくれたのですか。

・さあ、もう一度、じいさまが、地蔵様にしてあげたこと、言ってください。

・そして、「じいさまが、地蔵様にしてあげたこと」をばあさまは、まとめて「どんなことをしなすった」と言ったのですか。

【じいさまとばあさまがよいお正月を迎えることができたことについて考える。】

○さあ、最後、「もちこも」用意できなかったじいさまとばあさま、どんなお正月を迎えることが、できたのですか。

・それは、どうしてですか。どうしてじいさまとばあさま、よいお正月を迎えることができたのですか。

【このお話を読み終えての感想、このお話からわかったことなどを考える。】

○さあ、これでこのお話は、おしまいです。さあ、お話を読み終えて、どうですか。（＊感想が、聞ければよい。）

・さらに、このお話を読んで、何かわかったことは、ありますか。（〝良い事をすれば、良い事がある。幸せになれる。〟など、テーマに迫る発言が、出ればと思う。）

■■■全文通読■■■

○では、「かさこじぞう」、始めから終わりまで、全部、みんなで読みます。

■■■このお話を読み終えての感想を書く■■■

○では、「かさこじぞう」を全部読んで、思ったこと、考えたことなど、ノートに５０字以上で書いてください。

T じいさまとばあさまは、さいしょは、びんぼうでいやなことばっかりおきていたけど、いいことをして、いいことがかえってきたんだなと思いました。わたしも、じいさまやばあさまみたいにやさしい人になりたいです。

M はじめ、なんにもわかんないのに、みんなのいけんで、いろいろなことがわかった。うるものをあげることや、おかねよりたいせつなものを、たいせつにすることがわかりました。すごいとおもいました。

N びんぼうだけど、なかよしでいい二人でした。いやなこともおこったけど、いいことをしたから、いいことがかえってきたし、さいごにえ顔のじいさまとばあさまを見ることもできました。じいさまたちは、つらいこともあったけれど、よいことをしたら、よいことがかえってきてよかったね。とてもいいお話だったと思います。

S じいさまとばあさまは、びんぼうだったから、え顔はひさしぶりだと、思いました。じいさまたちは、ゆめではないかと思ったぐらい、うれしかったんだと思いました。じいさまたちは、よいお正月をむかえられて、よかったと思いました。

H はじめは、たいそうびんぼうでやっとくらしていたのに、とってもやさしいことをしたから、今とってもしあわせなんだと思いました。じいさまとばあさまは、とってもよいことをしたから、じいさまのしたよいことよりも、もっとよいことがかえってきたから、とってもわるいことをすると、もっともっとわるいことがかえってくることが分かりました。

E じいさまが、なにより大切にしていることは思いやりだということがよくわかりました。おもいやりというものは人のいのちなどをたすけたり、だれかがこまっているときに、たすけてあげたりすることが、思いやりということもわかりました。

U はじめは、たいそうびんぼうだったけど、ばあさまとじいさまはいいことばかりして、いいと思います。いやなことがつづいていっても、おこらず、なかよくけんかしないでがんばってやっているからです。ふつうは、かさこをじぞうさまにかぶせないし、自分の大切な手ぬぐいもかぶせてあげないです。かさこは、お金をためて、もちこやまつをかうためのかさこだったのに、そんなかってなことをしても、ばあさまは、おこらず、ほめてくれました。たいそうびんぼうだけど、こんなにやさしいじいさまとばあさまだとは、思わなかったです。いいことをすると自分にいいことがかえってくると思いました。

S

このお話「かさこじぞう」は、思いやりをあらわしていると思います。なぜかというと、じいさまとばあさまのやさしい気もちがつたわってきたからです。そして、びんぼうで、毎日をやっとくらしていても、ほかの人やじぞうさまにすごく親切にしたからやさしくて、きれいな心をもっているじいさまとばあさまだと思いました。そして、しょう来けっこんして、子どもが生まれたら、ぜったい子どもに、「かさこじぞう」を教えます。なぜかというと、子どもがやさしくて、すなおで、あたたかい子どもにそだってほしいからです。そして、その子どもが大きくなって、その人が生まれた子どもに教えて、ずっとつづいていったらいいなと思っています。だから、かさこじぞうのお話は、みんな大切にしてほしいです。

かさこじぞう

いわさき　きょうこ

①　むかしむかし、ある　ところに、じいさまと　ばあさまが　ありましたと。
たいそう　びんぼうで、その　日　その日を　やっと　くらして　おりました。

②　ある　年の　大みそか、じいさまは　ためいきを　ついて　言いました。
「ああ、その　へんまで　お正月さんが　ござらっしゃると　いうに、もちこの　用いも　できんのう。」

「ほんにのう。」

「何《なん》ぞ、売る　もんでも　あれば　ええがのう」。

じいさまは、ざしきを　見回したけど、何にも　ありません。

「ほんに、何にも　ありゃせんのう。」

③　ばあさまは　土間の　方を　見ました。すると、夏の　間に　かりとって　おいたすげが　つんで　ありました。
「じいさま　じいさま、かさこ　こさえて、町さ　売りに　行ったら、もちこ　買えん　かのう。」

「おお　おお、それが　ええ。そう　しよう。」

そこで、じいさまと　ばあさまは　土間に　下り、ざんざら　すげを　そろえました。そして、せっせと　すげがさを　あみました。

④　かさが　五つ　できると、じいさまはそれを　しょって、

「帰りには、もちこ　買って　くるで。にんじん、ごんぼも　しょって　くる　でのう。」

と　言うて、出かけました。

⑤ 町には　大年《おおどし》の市が　たって　いて、正月買いもんの　人で　大にぎわいでした。

うすや　きねを　売る　店も　あれば、山から　まつを　切って　きて、売っている　人も　いました。

「ええ、まつは　いらんか。おかざりの　まつは　いらんか。」

じいさまも、声を　はりあげました。

「ええ、かさや　かさやあ。かさこは　いらんか。」

⑥ けれども、だれも　ふりむいて　くれません。

しかたなく、じいさまは　帰る　ことに　しました。

「年こしの　日に、かさこなんか　買う　もんは　おらんのじゃろ。ああ、もちこも　もたんで　帰れば、ばあさまは　がっかりするじゃろうのう。」

いつの間にか、日も　くれかけました。

⑦ じいさまは、とんぼり　とんぼり　町を　出て、村の　外れの　野っ原《ぱら》まで　来ました。

風が　出て　きて、ひどい　ふぶきに　なりました。

⑧ ふと　顔を　上げると、道ばたに　じぞうさまが　六人　立っていました。

おどうは　なし、木の　かげも　なし、ふきっさらしの　野っ原なもんで、じぞうさまは　かたがわだけ　ゆきに　うもれて　いるのでした。

⑨「おお、お気のどくにな。さぞ　つめたかろうのう。」
　じいさまは、じぞうさまの　おつむの　ゆきを　かきおとしました。

「こっちの　じぞうさまは、ほおべたに　しみを　こさえて。それから、この　じぞうさまは　どうじや。はなから　つららを　下げて　ござらっしゃる。」

　じいさまは、ぬれて　つめたい　じぞうさまの　かたやら　せなやらを　なでました。
⑩「そうじゃ。この　かさこを　かぶって　くだされ。」
　じいさまは、売りものの　かさをじぞうさまに　かぶせると、風で　とばぬよう、しっかり　あごの　ところで　むすんで　あげました。
⑪ところが、じぞうさまの　数は　六人、かさこは　五つ。どうしても　足りません。
「おらので　わりいが、こらえて　くだされ。」

　じいさまは、自分の　つぎはぎの　手ぬぐいを　とると、いちばんしまいの　じぞうさまに　かぶせました。

「これで　ええ、これで　ええ。」

　そこで、やっと　あん心して、うちに　帰りました。
⑫「ばあさま　ばあさま、今　帰った。」
「おお　おお、じいさまかい。さぞ　つめたかったろうの。かさこは　売れたのかね。」

「それが　さっぱり　売れんでのう。」

　じいさまは、とちゅうまで　来ると、じぞうさまが　ゆきに　うもれて　いた　話を　して、

「それで　おら、かさこ　かぶせて　きた。」
と　言いました。
⑬すると、ばあさまは　いやな　顔　ひとつ　しないで、
「おお、それは　ええ　ことを　しなすった。じぞうさまも、この　ゆきじゃ　さぞ　つめたかろうもん。さあ　さあ、じいさま、いろりに　来て　当たってくだされ。」

じいさまは、いろりの　上にかぶさるように　して、ひえた体を　あたためました。
⑭「やれ　やれ、とうとう　もちこ　なしの　年こしだ。そんなら　ひとつ、もちつきの　まねごとでも　しようかのう。」
じいさまは、
米の　もちこ
ひとうす　ばったら
と、いろりの　ふちを　たたきました。すると、ばあさまも　ほほと　わらって、
あわの　もちこ
ひとうす　ばったら
と、あいどりの　まねを　しました。
それから、二人は、つけな　かみ　かみ、おゆを　のんで　やすみました。
⑮すると、ま夜中ごろ、ゆきの　中を、
じょいやさ　じょいやさ
と、そりを　引く　かけ声が　してきました。
「ばあさま、今ごろ　だれじゃろ。長じゃどんの　わかいしゅが　正月買いもんを　し

のこして、今ごろ　引いて　きたんじゃろうか。」
ところが、そりを　引く　かけ声は、長じゃどんの　やしきの　方には　行かず、
こっちに　近づいてきました。
耳を　すまして　聞いて　みると、
　六人の　じぞうさ
　かさこ　とって　かぶせた
　じさまの　うちは　どこだ
　ばさまの　うちは　どこだ
と　うたって　いるのでした。そして、じいさまの　うちの　前で　とまると、何や
ら　おもい　ものを、
　ずっさん　ずっさん
と　下ろして　いきました。
⑯　じいさまと　ばあさまが　おきていって、雨戸を　くると、かさこをかぶった　じぞ
うさまと、手ぬぐいを　かぶった　じぞうさまが、
　じょいやさ　じょいやさ
と、空ぞりを　引いて、帰って　いくところでした。
のき下には、米の　もち、あわのもちの　たわらが　おいて　ありました。
その　ほかにも、みそだる、にんじん、ごんぼや　だいこんの　かます、おかざり
の　まつなどが　ありました。
じいさまと　ばあさまは、よい　お正月を　むかえる　ことが　できましたと。

著者 山口　憲明（やまぐち　のりあき）

早稲田大学政治経済学部卒
元相模原市立小学校教諭

【主な著書】
文学の授業1 **スーホの白い馬** 改訂版
文学の授業2 **一つの花** 改訂版
文学の授業3 **ごんぎつね** 改訂版
文学の授業4 **大造じいさんとガン**
文学の授業5 **やまなし** 改訂版

文《ぶん》学《がく》の授業《じゅぎょう》6
かさこじぞう 教材《きょうざい》分析《ぶんせき》と全《ぜん》発《はつ》問《もん》

2017年11月25日　第1版第1刷発行

著　者／山口 憲明
発行者／比留川 洋
発行所／株式会社 本の泉社
〒112-0013　東京都文京区本郷2-25-6
TEL. 03(5800)8494　FAX. 03(5800)5353
http://www.honnoizumi.co.jp

印刷／亜細亜印刷株式会社
製本／株式会社村上製本所

ISBN978-4-7807-1664-1 C3037